EMOCIONES QUE DAÑAN

Controla tus emociones y Controla tu vida

Alvin Almonte

EMOCIONES QUE DAÑAN

Controla tus emociones y Controla tu vida

Alvin Almonte

Alejandro C. Aguirre Publishing/Editorial, Corp.
1 (917) 870-0233
www.alejandrocaguirre.com

Alvin Almonte

Alejandro C. Aguirre Publishing/Editorial, Corp.
1 (917) 870-0233
www.alejandrocaguirre.com

Emociones que dañan

Alvin Almonte

Número de Control de la Biblioteca del Congreso de EE. UU.:
ISBN-13: 978-1543172676
ISBN-10: 1543172679
Copyright © 2017 por Alvin Almonte. Alejandro C. Aguirre Publishing/Editorial, Corp.
All rights reserved. No part of this book may be reproduced in any form without written permission from the Publisher.

Printed in the USA

Todos los derechos reservados. Ninguna parte de este libro puede ser reproducida o transmitida de cualquier forma o por cualquier medio, electrónico o mecánico, incluyendo fotocopia, grabación, o por cualquier sistema de almacenamiento y recuperación, sin permiso escrito del propietario del copyright, y sin el previo consentimiento de la editorial, excepto cuando se utilice para elaborar reseñas de la obra, críticas literarias y/o ciertos usos comerciales dispuestos por la ley de Copyright.

Las opiniones expresadas en este trabajo son exclusivas del autor y no reflejan necesariamente las opiniones del editor.

Este libro fue impreso en los Estados Unidos de Norte América.

Fecha de revisión: 11/20/2017

Para realizar pedidos de este libro, contacte con:
Alejandro C. Aguirre Publishing/Editorial, Corp.

Dentro de EE. UU. al 917.870.0233
Desde México al 01.917.870.0233
Desde otro país al +1.917.870.0233
Ventas: www.alejandrocaguirre.com

DEDICATORIA

Esta obra está dedicada a mi madre, ella ha sido mi máxima inspiración, siempre ha estado conmigo en cada momento de mi vida.

A todas aquellas personas, que luchan incesantemente por superarse y que siempre están en la búsqueda constante del conocimiento.

Primordialmente, deseo dar las gracias al Sumo Creador, que me hado la oportunidad de estar en vida y poder compartir con ustedes, mis queridos lectores un poquito de mi vida y mis experiencias.

Alvin Almonte

Alvin Almonte

AGRADECIMIENTOS

Deseo agradecer al señor David Muñiz, que me ha ayudado con sus sabios consejos en mi crecimiento personal. A mi familia, que siempre busca lo mejor para mí, los amo infinitamente.

Agradezco al Sumo Creador de todo corazón, porque a pesar de saber que soy muy *terco*, nunca me desampara, al contrario, me dirige a tomar buenas decisiones.

Si pone a Dios en todo lo que haga, él le acompañara y guiará en su camino. Es muy importante agradecer a él todas las mañanas al despertarse, por un lindo amanecer y un día más de vida. Si él nos otorga un día más es porque tiene un propósito para nosotros, el cual debemos cumplir siguiendo nuestras metas y sueños que tanto anhelamos con el corazón.

Además, deseo agradecer a aquellas personas que he encontrado en mi camino y que me han dicho en varias ocasiones: *¡No puedes! ¡No lo lograrás! ¡Eres incompetente! Etc...* Gracias a ellos, he aprendido a no darme por vencido.

Alvin Almonte

ÍNDICE

- ❖ DEDICATORIA..
- ❖ AGRADECIMIENTOS...................................
- ❖ PRÓLOGO..
- ❖ INTRODUCCIÓN....................................1
- ❖ CAP. 1: DEFECTOS Y VIRTUDES DEL SER HUMANO..................................3
- ❖ CAP. 2: BUENOS Y MALOS HÁBITOS..........23
- ❖ CAP. 3: LA SOCIEDAD ACTUAL..................31
- ❖ CAP. 4: LA VERDAD DEL TRABAJO.............39
- ❖ CAP. 5: LA IMPORTANCIA DEL TIEMPO......55
- ❖ CAP. 6: LAS METAS Y LOS SUEÑOS.............63
- ❖ CAP. 7: EMOCIONES QUE DAÑAN...............69
- ❖ EPÍLOGO..87
- ❖ CITAS POR ALVIN ALMONTE...................89
- ❖ ACERCA DEL AUTOR................................93
- ❖ ACERCA DE ALEJANDRO C. AGUIRRE Y SUS OBRAS....................95
- ❖ ALEJANDRO C. AGUIRRE PUBLISHING/EDITORIAL, CORP...............99

Alvin Almonte

PRÓLOGO

La lectura de la obra *"Emociones que dañan; Controla tus emociones y controla tu vida"* de este joven autor, me ha dejado una gran huella en mi vida, ya que *Alvin Almonte* en su humildad y deseo de superación, nos comparte en sencillas palabras sus experiencias, pensamientos, ideas y emociones; que el mismo ha venido viviendo en el transcurso de su vida. Aprendiendo cada vez a valorarse así mismo, dándose su lugar en el mundo, en la búsqueda de su autorrealización personal. *Dirigiendo sus pensamientos, controlando sus emociones y decretando su destino.*

En esta obra, el lector hallará un camino lleno de experiencias que le traerán conocimiento y sabiduría, que le permitirán guiarlo en su caminar en la *vida*.

Los conceptos expresados por el autor, son relacionados en su gran parte al poder de nuestra privilegiada mente, que tiene un poder inmensurable que sobrepasa el mundo material. Es por eso, que *Alvin Almonte* describe con sus historias y manera de ver la vida, como la mente es tan poderosa, que puede hacer todo lo que conciba como pensamiento en un maravilloso paraíso o en un infierno. Una de las funciones de la mente es concebir pensamientos (energía) e interpretar en su equivalente físico (materia).

Es muy importante aprender a utilizar la mente de manera adecuada, permitiendo aceptar y procesar pensamientos positivos para el desarrollo de emociones positivas. Y así, poder vivir una vida con libertad, llena de felicidad y paz interior. Ya que el ser humano siempre está buscando maneras de mejorarse, para lograr el éxito en cualquiera de sus facetas.

La información contenida en esta obra, es una fuente de motivación e inspiración para todo aquel que está pasando por circunstancias y situaciones difíciles pero no imposibles.

Si cree que es exitoso lo es, si cree lo contrario, también tiene la razón. Todo depende de su manera de pensar y la actitud que demuestre ante cada situación o circunstancia que le da la vida.

Le invito a formar parte de esta maravillosa aventura que este joven autor nos comparte desde lo más profundo de su corazón, llevando en cada palabra su esencia y deseo de superación.

Todo lo que llega a nuestra vida, tiene un propósito divino, el cual también forma parte del suyo, la *Ley de la Atracción* está en constante funcionamiento, por lo que esta obra ha llegado a sus manos con un firme propósito; aprovéchelo y disfrútelo.

¡Iniciemos ahora!

Alejandro C. Aguirre

Escritor & Conferencista Motivacional,
Presidente y Fundador de la Corporación Alejandro C. Aguirre, Corp.
Para el Desarrollo Humano y Superación Personal & Alejandro C. Aguirre Publishing/Editorial, Corp. Editorial dedicada a la difusión de libros, e-books y audiolibros de Desarrollo Personal, Liderazgo y Motivación.

INTRODUCCIÓN

En el mundo actual los seres humanos hemos aprendido a vivir con nuestras emociones tanto positivas como negativas, sin embargo; estas últimas han sido las precursoras de la destrucción de millones de personas en todo el mundo. ¿A qué se debe esto? En los últimos estudios hechos por conocedores del funcionamiento del cuerpo y la mente del ser humano, han demostrado que las emociones pueden ser muy efectivas para el mismo, sí, se desarrollan positivamente como las emociones del; amor y la fe, que nos permiten vivir una vida llena de felicidad y en plenitud de nuestro ser.

Por el lado contrario, las emociones negativas inundan la mente del ser humano de pesadez y energía negativa, ya que le causan daño así mismo y a las personas que lo rodean. Me refiero a emociones negativas destructivas como: el odio, el miedo, el rencor, el orgullo, etc. Que son venenos para la mente y en donde abunda uno se encuentra el otro.

Ahora bien, esta obra le servirá como una guía al lector, para aprender a conocer su mente y controlar sus emociones.

El gran filósofo y filántropo estadounidense oriundo de Escocia, Andrew Carnegie solía decir:

El hombre que adquiere la habilidad de tomar total posesión de su mente puede tomar posesión de cualquier cosa.

Es así, mi querido amigo lector, que empezamos esta maravillosa aventura en un mundo lleno de experiencias y conocimiento, que nos llevarán adquirir el control de nuestra mente creando conciencia de nuestro ser.

Nosotros fuimos diseñados para ser excelentes, triunfando en todo lo que nos propongamos.

¡Comencemos ahora mismo!

Alvin Almonte

CAPÍTULO 1
DEFECTOS Y VIRTUDES DEL SER HUMANO

Los defectos de un hombre se adecuan siempre a su tipo de mente. Observa sus defectos y conocerás sus virtudes.

—**Confucio**

Defectos y virtudes

Los seres humanos usualmente tenemos la tendencia de ver en los demás sus defectos más que sus virtudes. Los parientes y conocidos, cuando lo ven, lo primero que le dicen es: ¡Esta usted gordo! Antes de preguntarle: ¿Cómo está usted? ¿Cuánto tiempo sin verlo o si no me da muchísimo gusto verlo? ¿Qué ha sido de su vida? Esas son las mejores formas de comenzar una buena conversación, porque a pesar que la persona no le va a decir nada sobre su comentario tóxico, le está hiriendo sus sentimientos, dependiendo que tan sensible sea.

Es importante empezar a mejorar nuestras relaciones con los demás, para salir de la mediocridad e ignorancia en que vivimos.

Al usted decirle a una persona que es obesa, no solo puede estar hiriéndolo, si no que está juzgando de manera inapropiada a la persona, causando incomodidad y hasta puede bajarle su autoestima.

Hay un libro de *Don Miguel Ruíz* que se llama *Los 4 Acuerdos*, del cual aprendí mucho, uno de sus acuerdos dice: *"No te tomes nada personal"*.

Con este acuerdo entendemos que no debemos tomarnos las cosas a pecho sino dejarlas ir y seguir nuestro camino. Ya que cuando uno hace caso a este tipo de comentarios negativos, se está causando daño así mismo, por lo que puede vivir acomplejado y lleno de temor.

—Las personas que critican defectos físicos tienen defectos mentales—, por esa razón se la pasan juzgando erradamente a los demás, ya que como no están en paz consigo mismos tratan de causar incomodidad a los demás con sus comentarios negativos y críticas destructivas.

Un saludo es importante, un "apretón de manos correctamente", ni muy suave ni muy fuerte ayudan a suavizar una conversación para que sea amena.

No, como está de moda eso de "chocar los puños" que no

significa lo mismo, no sé cuál es la idea, pero prefiero el método tradicional de dar la mano como siempre con mucha educación.

Es un método entre profesionales y no profesionales, que nunca pasará de moda, no lo veo mucho entre las mujeres pero si entre mujeres y hombres. Dar la mano significa respeto y que independientemente de decir: ¡Buenos días! Puede usar gestos como éste, pero también hay que respetar las otras maneras que la gente usualmente practica a la hora de saludarse.

*"No puede cambiar a nadie, sin embargo;
ellos pueden cambiarse a sí mismos".*

Aléjese de personas nocivas que siempre tratan de buscar defectos en usted, ¡usted es un Ángel! Ya que esta hecho a imagen y semejanza del Ser Supremo.

Imagínese que venga su mamá o su papá a criticarle, ¿cómo quedo en una fotografía? Sí es solo una fotografía, y si le están criticando algo, es porque no les gusto como se ve en la fotografía. Pero es su problema no el de suyo, usted no tiene que cargar con sus comentarios negativos ni tomarlos en cuenta, porque si no lo lastimáran. ¡Usted no quiere, déjelo pasar y siga adelante!

Creo que el Arquitecto del Universo hizo maravillas con cada uno de nosotros, por lo que escuchar cosas negativas de parte de la gente es una ofensa hacia nosotros y hacia él.

Lo más importante es lo que usted crea y que tan consciente este de sí mismo. Y aprender a vivir su vida, y dejar que los demás vivan la suya también.

La realidad de la vida

Ahora le compartiré una experiencia que me ha hecho concientizarme del mundo en que vivimos, esto fue lo que sucedió:

Me quede desempleado por un par de meses, en los cuales estuve muy deprimido.

Pasé una mala racha, sin embargo, recordé un precepto bíblico que dice: "Todo tiene un principio y un fin, por lo que nada dura para siempre". Por lo que retome el vuelo como las águilas y persevere hasta encontrar una nueva oportunidad para salir de esa mala situación.

La situación está dura, la tasa de desempleo va en aumento y en estos días, conseguir trabajo es todo un dolor de cabeza, tiene que ser por medio del nepotismo, —de otro modo es más complicado—. Pero al final, quien persevera logra lo que tanto desea.

Deje de ser dependiente de los demás, las personas así, casi nunca logran el éxito, ya que no son capaces de hacer nada por ellos mismos, son minusválidos prácticamente.

En la vida he aprendido a no ser dependiente de nadie, uno tiene que valerse por sí mismo y hacerse responsable de su vida. Cada decisión que tomamos debe ser respaldada con nuestras palabra y hechos.

Es por eso, que es tan importante aprender a ser independientes y tener siempre en consideración que ahora es usted que está pasando una mala racha, mañana pueden ser ellos. Por lo que no es bueno hacer de menos a los demás ni mucho menos privarlos de su naturaleza de ser.

En el caminar de nuestras vidas nos encontraremos personas buenas y malas, en algún momento nos podremos dar cuenta quienes son realidad, ya que con el solo hecho de escucharlos podemos definir quiénes son.

Sin embargo, nuestras verdaderas amistades las definiremos por sus hechos más que por sus palabras.

En *Mateo, 25:35-40 (RVR1960)* nos ilustra muy bien quienes son nuestros verdaderos amigos:

"Porque tuve hambre, y me disteis de comer; tuve sed, y me disteis de beber; fui forastero, y me recogisteis; estuve desnudo, y me cubristeis; enfermo, y me visitasteis; en la cárcel, y vinisteis a mí.

Entonces los justos le responderán diciendo: Señor, ¿cuándo te vimos hambriento, y te sustentamos, o sediento, y te dimos de beber?

¿Y cuándo te vimos forastero, y te recogimos, o desnudo, y te cubri-

mos? ¿O cuándo te vimos enfermo, o en la cárcel, y vinimos a ti? Y respondiendo el Rey, les dirá: De cierto os digo que en cuanto lo hicisteis a uno de estos mis hermanos más pequeños, a mí lo hicisteis.

Es muy cierto, las personas que nos estiman y aprecian de verdad, son aquellas que no nos juzgan ni nos menosprecian, en la realidad de los casos; son aquellas que nos dicen siempre la verdad y las cosas que no nos gustan escuchar de nosotros mismos. Además de estar con nosotros en los buenos y en los malos momentos, como lo dice en el precepto bíblico.

Ahora veamos una breve reseña de una gran mujer que ha abogado por los derechos de las personas más indefensas, me refiero a Rigoberta Menchú (Activista de los Derechos Humanos). Nació en Guatemala, el 9 de enero del 1959. Ha dedicado su vida a pelear por los derechos de la mujer indígena, lo que la llevado a ganar el Premio Nobel de La Paz en 1993. Fue mencionada en el Libro de Los Records Guinness por ser la ganadora más joven en ganar el Premio Nobel de La Paz y ser la primera indígena en ganar ese premio.

En 1991, participó en la preparación de la declaración de los derechos de los pueblos Indígenas por parte de las Naciones Unidas.

Uno de sus más bellos mensajes es el siguiente:

"*La paz no es solamente la ausencia de la guerra; mientras haya pobreza, racismo, discriminación y exclusión, difícilmente podremos alcanzar un mundo de paz*".

Los defectos que el ser humano ve en sus semejantes son los mismos que el mismo tiene. Las virtudes son nuestras herramientas con las que podemos vivir una vida mejor; éticamente y moralmente.

Las emociones negativas son muy perjudiciales para la salud mental y física del ser humano, de lo que se deriva que si una persona vive con estas emociones en su mente su entorno físico girara en base a eso. Por lo que su manera de pensar y de actuar será negativa, por ende, vivirá una vida sumergida en la negatividad.

Veamos ahora alguna de las emociones negativas destructivas.

El enojo

¿Qué es el enojo? El enojo es un problema emocional que afecta el estado de ánimo del ser humano en forma negativa, pero las personas que no saben controlar la ira, pueden tener problemas de salud grave, en ocasiones también les puede llevar a la muerte, —afirmaron especialistas—. Si la gente sabe que su punto débil es la ira siempre le molestaran. Nos molestamos cuando las cosas no salen como queremos.

Buda dijo: *"El que te hace enojar te domina"*. Es verdad, si la gente sabe que así le puede tener en un estado de inquietud o fuera de sus casillas, lo hará.

Una personaje de la biblia llamado Jonás, estaba tan enojado con Dios, que le dijo: —*¡Quítame la vida, porque la muerte es mejor para mí que la vida!*

El enojo, lo tiene una persona que no es capaz de tolerar situaciones y que no está apta para controlar sus emociones. Por lo que contesta agresivamente con un tono de voz de defensa hacia sí mismo.

El enojo tiene que ver con dos aspectos:
1. El temor o la sensación de estar amenazado, ya sea real o simbólicamente.
2. Esta amenaza puede ser en el aspecto físico, emocional, psicológico o espiritual.

¿Cuándo se sienta enojado, pregúntese si realmente vale la pena?

El gran filósofo y escritor estadounidense *Ralph Waldo Emerson* expresó lo siguiente: *"Por cada minuto de enojo, pierdes 60 segundos de felicidad".*

Una cosa muy importante que le recomiendo hacer, no prometa nada cuando este feliz, pues, uno en ese momento anda de muy buen ánimo. No responda cuando este enojado ni tome decisiones cuando este triste, porque los tres estados son diferentes, pero usted se está dejando llevar por el momento.

El filósofo y escritor estadounidense *John N. Gray* dijo: *"Con un abrazo en pocos minutos eliminarás todo dolor y enojo".*

En algunas conferencias he compartido el significado de esta frase de Gray, ya que la *"abrazoterapia"* nos ayuda a través de abrazos a perdonar y liberarnos de las cargas que traemos en nosotros.

Dalai Lama lo define así: *"El enojo es uno de los problemas más serio que enfrenta el mundo".*

La gente enojona es tóxica y nadie se siente a gusto con ellos, aunque sea su tía, su tío, su mamá o quien sea, porque el enojo saca lo peor de uno como ser humano, no ha visto que cuando la ira se apodera de nosotros cambiamos totalmente.

Porque hay gente que solo saben hablar con críticas destructivas al momento de tener un diálogo.

Los animales asimilan más rápido la ira que el ser humano, ellos se irritan un momento y luego se les pasa, el ser humano no, y pasan hasta días con ese malestar de ira con alguien.

Como esta cita bíblica lo expresa:

No te apresures en tu espíritu a enojarte; porque el enojo reposa en el seno de los necios. —Eclesiastés 7:9 (RVR1960).

Cómo controlar el enojo

Respire hondo, permita que el cuerpo absorba más oxígeno y desacelere su frecuencia cardiaca para combatir la descarga de adrenalina que inunda su cuerpo cuando está enojado.

Deborah Smith, escritora del libro *Controla tu enojo en 30 días,* dice:

"Cuando se encuentre enfrente a una persona colérica haga lo

siguiente: por favor deje que se enoje todo lo que quería y usted tómelo con calma que para pelear se necesitan dos.

Nunca he visto una discusión que tenga éxito sin que los dos estén llenos de ira a la misma vez, porque el más enojado termina sediento ya que se le acaba el motivo para seguir irritándose".

Si usted es de los que se disgustan por nada por todo va a estar irritado, ya que ese es su alimento si no lo hace o busca un motivo para hacerlo siente que algo le falta.

"La ira es un estado en el que la lengua trabaja
Más rápido que la mente".

Este mensaje es muy claro y conciso con lo que expresa. La ira es pecado, pero la persona enojona comete un pecado adicional por la falta de dominio propio.

Narciso

¿Quién era Narciso?

Narciso era un personaje de la mitología griega que tenía pretendientes en cantidad: mujeres y hombres, sin embargo, él se daba el lujo de rechazarlos a todos tanto hombres como mujeres no estaba interesados en nadie se sentía la única persona importante en el universo.

Y una diosa llamada Némesis que es la diosa de la venganza para castigar a Narciso por su arrogancia la diosa hizo que se enamorara de su propia imagen reflejada en una fuente.

En otras palabras, se enamoró de sí mismo y cuando se dio cuenta que era un espejo se desilusiono y se quitó la vida con su espada.

A las personas presumidas y que solo hablan mucho de sí mismas, y que se esmeran por verse muy bien físicamente y que solo se aman a sí mismos, se les conoce como *narcisistas*.

Muchas personas son narcisistas y no lo saben, se preocupan tanto por sí mismo que no ven más allá que su propia conveniencia, todo el tiempo todo gira alrededor de ellos prácticamente.

No tomar nada personal

Le recomiendo que lea el libro de *Los 4 Acuerdos* del *Don Miguel Ruíz*, en especial el acuerdo que dice: "*No te tomes nada personal*". Nada de lo que la persona haga, diga o piense, se lo tome a pecho, pues, de esa manera se evitará malos ratos y no vivirá amargado ni frustrado por lo que le ocurre en la vida diaria.

Vivo diciéndole a mi madre: ¡Perdona y olvida! Si fulano o fulana no te ayudaron, qué, si esta persona fue así, eso ya pasó, no se vive del pasado ni se vive guardando rencor, hay que perdonarlos, todos nos equivocamos.

Y no estoy hablando mal de mi mamá simplemente le digo que lo que sucedió, ya fue, borrón y cuenta nueva. El pasado es una carga muy pesada que nos impide avanzar hacia un mejor futuro.

He olvidado a las personas que ha cometido grandes vilezas conmigo, ¡los he perdonado! Sí, *El Maestro Jesús* perdonó a los que le trataron tan mal, quienes somos nosotros para tener almacenado ese rencor en nuestro corazón, además, eso solo nos hace daño doble: físico y emocional. Porque si seguimos recordando lo que estás personas nos hicieron en el pasado sólo nos retrasarán en la vida.

No hay que aferrarnos al rencor como si fuera un oso, hay que liberarse de ese peso y como mencione antes: no tomarse nada personal por difícil y duro que sea.

La belleza física

Muchas veces hemos sido *fans* de ciertas personas o artistas, hasta llegar a vestirnos y mirarnos como ellos. Dejando nuestra propia personalidad atrás. Esto sucede por una baja autoestima y acomplejamientos que traemos desde nuestra niñez.

Es importante aprender a ser nosotros mismos y embellecer nuestras personalidad con nuestros dones y virtudes, brillando siempre con luz propia. Siendo únicos y originales, y no copia ni imitación de nadie.

Palabras hirientes

Debe aprender a desechar inmediatamente cada palabra negativa o tóxica, ya que eso puede desestabilizarlo si usted lo permite, no somos un basurero como para que la gente venga y nos tire su veneno o esa basura que no necesitamos.

Aquí hay un ejemplo de palabras tóxicas que notara automáticamente cuando le digan:
- ¡Qué inútil es usted!
- ¡Usted un bueno para nada!
- ¡Usted un hijo de su …!
- ¡Usted no es inteligente!
- ¡Usted nunca aprende nada! Entre otras más.

No se trague todo ese veneno, no los escuche, es malo para su estado de ánimo y puede llegarle a bajarle su autoestima, ya que todos los días no nos sentimos igual.

Se lo digo por experiencia propia, me ha ocurrido un día que no estoy de todo bien, —me tiran una bolsa de basura—, me refiero a las "palabras", y se me ha bajado el estado de ánimo por completo, por una persona negativa que no tenía nada más que hacer.

Hay gente que con su comportamiento hacen que nos alejemos, ya que son demasiados tóxicos e insoportables para uno, uno busca paz no problemas.

Nadie da lo que no tiene

Del libro *El éxito eres tú* de *Ramiro Castillo,* leí que un buen día; un compañero de trabajo se dirigió a la casa de una persona que cumplía años y cuando él que cumplía años le abrió, él malvado le entrego una bandeja llena de basura y le cumpleañero le dijo:

—Espérame un momento, ya regreso, voy a la cocina. Cuando regreso le trajo la bandeja llena de flores.

Él malvado le pregunto: —¿Cómo me has regalado flores, si yo te traje basura?

Él cumpleañero le dijo: —Es que uno da solo lo que tiene.

A continuación, le compartiré esta bella oración de San Francisco de Asís:

Señor, hazme un instrumento de tu paz.
Donde haya odio, déjame sembrar amor;
donde haya injuria, perdón;
donde haya duda, fe;
donde haya desesperación, esperanza;
donde haya oscuridad, luz;
donde haya tristeza, gozo.
O Divino Maestro, concédeme que
no busque ser consolado sino consolar;
ser entendido sino entender;
ser amado sino amar.
Porque es en el dar que recibimos,
es en perdonar que somos perdonados
y es muriendo que nacemos a la vida eterna, Amén.

Busco que me tengan pena

Es muy sencillo, si usted es de los que buscan que le tengan pena, está en el camino equivocado, pues, me gustaría ver triunfadores que quieran llegar a la cima y no derrotados que se la pasan de lamentaciones y quejándose todo el día, o, cuando están alrededor de la gente se inventen lo que sea con tal de llamar la atención.

Un sabio consejo: *"Busque ser un guerrero no un fracasado".*

Muchas veces las personas se inventan enfermedades para que les tengan pena, deje de buscar la lástima en los demás que con eso no se logra nada, ¡levántese, no tiene por qué seguir ese estilo de vida!

Las "3A"

Cuide las "3A" con una buena disciplina y mucha dedicación, es importante. Ahora le compartiré que significan las "3A".

La primera "A", es la Apariencia: es muy importante se dice que como nos ven nos tratan y desafortunadamente es así el mundo allá afuera.

La segunda "A", es Aroma: es muy importante en los seres humanos, pero también que sea moderado y no demasiado, ya que puede llegar a molestarle a los demás tanto perfume. Y es que hay tanto loco, que con tal de sorprender a los demás se vacían todo el frasco de fragancia en su casa.

La tercera "A", es Aliento: tener un buen aliento es la más importante de las tres, diría yo. Ya que es horrible cuando lo tenemos y puede ser incómodo para los que están alrededor nuestro, por favor cuídese de andar con mal olor y más si comió mariscos o tomo café, use enjuague bucal más la pasta dental. Si es posible, llévese al trabajo su cepillo y cepíllese para que siempre lleve la situación controlada y no pase vergüenza.

Bueno ya conoce las "3A" espero que las pueda aplicar en su vida diaria.

Después de este libro sé que ganaré seguidores y perderé amistades porque no todo el mundo va a estar de acuerdo conmigo. Es algo natural, lo sé y lo entiendo, por lo que no lo tomo personal.

Los celos

Los celos son una emoción negativa que no trae nada positivo. Un marido celoso es capaz de quitarle la vida a su esposa o viceversa. Los celos son la inseguridad de alguien que no confía para nada, sin contar que una mujer o un hombre celoso es patético. Nunca he visto una escena de celos que termine satisfactoriamente, siempre viene con agresiones, discusiones, maltratos físicos y verbales. En ocasiones el hombre o la mujer manda a seguir a su pareja, o no le permiten que hable con otros hombres o mujeres.

En lo personal, no quiero una persona celosa que no me de la libertad y el espacio que merezco en este planeta. Creo que una de las cosas más bellas que tenemos los seres humanos, además de nuestro *libre albedrío,* es nuestra *libertad.*

Es menester saber elegir con quién vamos a compartir nuestra vida, procurando siempre controlar nuestra emociones y esperando encontrar a alguien que no tenga problemas de celos, porque puede terminar mal esa relación.

La honestidad

¿Qué es la honestidad?

Es una de las más bellas virtudes que puede tener el ser humano. Es algo que pocas personas conocen y pocas personas practican. La mayoría de la gente opta por no ser honestos y no hay nada mejor que sentirse bien con uno mismo, al ser honesto y hacer lo correcto. Además, la gente confía mucho en una personas honestas, porque sus acciones y palabras tienen credibilidad.

¿Cuáles son los beneficios de ser honesto?

Los beneficios son muchos, se gana el respeto de los demás y no te importara que un día alguien trate de ponerle una trampa con dinero o artículos, lo más probable es que va a devolver lo que encuentre con el fin de estar en paz con su alma y de evitar el castigo de Dios. Además, como lo dice el adagio popular: *"Al que obra bien le va bien"*.

La honestidad no va a buscar a nadie, usted debe procurar desarrollar esa hermosa virtud y si no es posible, por lo menos inténtelo, no pierde nada.

Todo va de acuerdo al tipo de persona que es usted y cómo es su personalidad, si es honesto atraerá a gente igual que usted y se sentirán muy bien, sí es deshonesto no compartirán sus ideales y empezarán a hacerle ataques verbales con el fin de que agarre su mañana.

¿Qué desventajas trae la honestidad?

Muchos le consideraran un tonto por no agarrar lo ajeno o por decir la verdad sea cual sea, no debe darles gusto o escuchar sus consejos tóxicos, acuérdese que él demonio del egoísmo y la avaricia se manifiesta en la gente.

Este consciente de que ser así lo llevará a ganar y perder amistades y familia. Muchos no van a entender su forma de ser, pero no usted, no vive para ellos ni depende de ellos, por lo tanto, no se preocupe demasiado.

La honestidad es algo único que nadie puede robarle ni cambiárselo, es algo que se lleva hasta la muerte. Honestidad es saber que alguien más está pagando las consecuencias de sus actos físicos y verbales y salir hacer lo correcto.

La honestidad y sus grandes pruebas

¿Qué tan grave es tener dinero de alguien cerca? Muy grave, un día se ve en la necesidad y lo toma como un préstamo no autorizado.

No busque la comprensión de otros cuando sea deshonesto, a la gente le cuesta volver a confiar en alguien que ya ha "metido la pata".

"La honestidad y la transparencia te hacen vulnerable. De cualquier forma sé honesto y transparente".

—La Madre Teresa de Calcuta

Recuerde que será el más odiado y querido por la misma razón, solo sea inteligente para que sepa afrontar las situaciones en su vida. Hay incluso anuncios de ejemplos de honestidad, hubo uno que tanto me gustó que decía así: *"La honestidad pásala"*.

Ser honesto es hacer lo correcto aun cuando nadie le está observando, no solo cuando le ven de una cámara o una persona.

El ahorro

El ahorro es la única manera de procurar tener algo para cuando se le ofrezca. Además de ser una virtud que podemos desarrollar con autodisciplina y constancia.

Le nombraré una lista de cosas que con los ahorros podrá solucionar:
1. La muerte de un ser querido.
2. Una operación.
3. Un desempleo.
4. Un caso de invalidez.
5. Un deposito en el banco en caso de que se le ofrezca mudarse.

No solo eso, otras cosas más que se puedan ofrecer, solo mencione algunas de ellas; acuérdese que no siempre seremos jóvenes y no siempre vamos a tener la misma cantidad de

horas en el trabajo. Hoy puede tener 40 años mañana no se sabe, sí se le presenta la oportunidad de tener tiempo extra en su trabajo, ¡aprovéchelo! Se lo paguen a tiempo y medio, aunque se pague mucho impuesto, igual es un dinero extra.
Debemos sembrar en abundancia, para cosechar en abundancia.
Ahorrar el 10 % de lo que usted gana, se aconseja en el libro *El Hombre Más Rico de Babilonia de* George S. Clason. Ahorrar 10% es muy bueno. Sé que a veces es difícil, ya que tenemos muchos gastos y no nos alcanza para vivir y mucho menos para ahorrar un centavo, pero vale la pena hacerlo. ¡Haga la prueba!

Pensando inteligentemente

El ahorro se aconseja que sea en una alcancía personal y no en el banco, porque el banco pone a trabajar su dinero para ellos y no para usted.
Le recomiendo ahorrar para su retiro con el plan *41k* y tener un seguro de vida, porque como le dije:
"No siempre seremos jóvenes y nos vamos envejeciendo con el pasar de los años. ¿De qué vamos a vivir cuando ya no tengamos la misma fuerza? Si no existe una fuente de ahorro que nos ampare. ¿Qué cree usted que pase? Nos desestabilizamos y empezamos a estresarnos, no importa si tiene un *Lamborghini* a los 65 años fruto de sus años de trabajo".

El seguro de vida es una forma de pensar inteligentemente, en como beneficiar a otro si le llegara a pasar algo aun familiar esposa o esposo, esto es algo que le recomiendo lo haga en secreto, porque mucha gente no le parecerá que esté pagando un seguro de vida como si se fuera a morir.
Es decisión personal hacerlo o no hacerlo.

Las sociedades o tandas

Muchas personas hacen la famosa sociedad o tanda, en la cual es dar dinero semanal o mensual, esto puede variar debido al número de personas involucradas. Además, conlleva a sus ventajas y desventajas, porque por un lado recibe mucho cuando le toca pero si no sale su número solo sigue aportando. A continuación, ilustrare este concepto: *Es muy sencillo. Una tanda o sociedad de ahorro es un grupo confiable de gente que se pone una meta de ahorro. Por ejemplo, si la meta es ahorrar $10,000 en 10 meses, entonces se pueden reunir 10 personas, y que cada una aporte $1,000 mensuales a la tanda.*

Luego, cada miembro de la sociedad de ahorro le es asignado un número del 1 al 10 (en este caso por ser 10 miembros). Los números más bajos reciben el dinero de la tanda antes y los más altos al final. Es decir, en algún punto va a recibir los $10,000 de su ahorro en un mes.

Recomiendo la sociedad como una posible opción para el ahorro, como también le recomiendo guardar moneditas, todo cuenta. El ahorro es lo único que nos puede tener seguro de cualquier emergencia monetaria que se puede hacer presente en momentos inesperados. Se lo digo por experiencia propia, ya que ha sufrido las peores situaciones por no conocer lo importante que es el ahorro.

La esperanza

¿Por qué debo tener esperanza en la vida?
¿Por qué no debo renunciar a la esperanza?
Es simplemente porque sin esperanza no se vive, no hay como un motivo para seguir adelante en la vida, si usted no tiene la esperanza de que va a lograr algo ya sea una meta personal, un sueño que quiera hacer realidad o que quiera recuperarse de alguna enfermedad.

"Personalmente defino la esperanza como la medicina que cada uno necesita para seguir en la vida y tener una razón por la cual se debe uno

levantar día a día a luchar, porque el que no tiene esperanza esta como muerto por dentro no tiene mucho a que aspirar".

Esperanza no son solo nueve letras que se dicen al azar, es más que eso, que nadie trate nunca de hacerle dudar de que no tenga esperanza, porque habrán personas que son mala vibra y le dirán: ¿Para qué tienes esperanza? o ¿ Para qué te sirve eso? No permita que influyan en usted y le hagan dudar, porque es muy bonito tener fe y esperanza en todo, para que logre hacer muchas cosas en la vida.

¿Alguna vez ha escuchado a alguien decir que haya logrado algo sin tener esperanza?
Le responderé: —Probablemente no. Todos debemos tener siempre esperanza para lograr algo.

El poder de la esperanza

La esperanza se transmite, es contagiosa, siempre y cuando el otro esté dispuesto a dejarse guiar y crear un sentimiento de confianza, aunque se le caiga el mundo encima. Sepa decir este bello lema: *"Al mal tiempo buena cara"*.

No todo el mundo tiene esperanza, hay gente vacía y amargada que querrán que sea igual que ellos, pero no les del gusto, recuerde esto: "Siempre habrá personas mejores y peores que usted. Hay de todo en esta vida y la esperanza y la fe son populares, pero no abundantes".

Desarrollemos buenos principios y virtudes todos los días y nuestros defectos se irán corrigiendo gradualmente.

Mi bella madre siempre suele decir esta frase:
"La esperanza es lo último que se pierde".

Alvin Almonte

CAPÍTULO 2

BUENOS Y MALOS HÁBITOS

Los malos hábitos tienen tal fuerza que de un hombre libre crean un esclavo. Los buenos hábitos hacen libre al hombre.

—**Alejandro C. Aguirre**

Los buenos y malos hábitos en el ser humano se definen con su manera de pensar y actuar, ante el medio ambiente que lo rodea.

Los buenos hábitos nos ayudan a vivir mejor de una manera sana y positiva. Por el lado contrario, los malos hábitos nos mantienen en la mediocridad y el conformismo, viviendo una vida llena de negatividad.

En este capítulo me enfocaré a describir los malos hábitos que tienen al ser humano sumergido en la oscuridad de sus vidas.

Veamos algunos de ellos.

La *Hookah*

¿Qué es *Hookah*?
La *Hookah* es utilizada para fumar un tabaco especial por medio de una pipa de agua. El tabaco se calienta indirectamente con brasas o carbón ardiente que filtra el humo por medio de un tazón de agua. Conocida como *narguile o cachimba*, la *Hookah* es una pipa de agua en la que se fuma tabaco especial *(shisha)*. Históricamente se ha usado en India y Persia, pero en los últimos años los bares de *hookah* se han vuelto populares alrededor del mundo, pues los fumadores de *shisha* aseguran que es menos dañina que los cigarros, al presuntamente prescindir de los ingredientes tóxicos del tabaco.

¿En qué me beneficia una *Hookah*?
Prácticamente en nada, no es saludable. Muchas gente la usan solo porque está de moda ya que las grandes masas la están usando en las discotecas y para no quedar mal con sus amistades se involucran en este vicio. No soy mucho de frecuentar discotecas y fiestas, pero siempre he visto gente fumando *Hookah* como si fuera una obligación, pero, uno no está para decirle a nadie: ¡No hagas eso porque te hace mal! En definitiva, la gente no lo cree o no le importa tanto su salud.

Sus respuestas más comunes son:
1. De algo voy a morir.
2. Me voy a morir de todos modos, me cuide o no me cuide.
3. He visto gente que muere joven y nunca han fumado.
4. No me voy a morir de eso, no te preocupes, etc.

Es increíble hasta donde llega nuestra ignorancia, a pesar que lo sabemos en vez de tomar conciencia sea culto o ignorante. Cada vez se suman más personas a esta nueva moda que ha venido para quedarse mundialmente, su origen es oriental.

Le comparto algo muy simple, si soy su amigo, no le ofrecería esto ni le invitaría a usarla.

El cigarro

Es tan pequeño y tan dañino, tan delicioso para los viciosos y tan repugnante para los que tenemos los pies sobre la tierra porque sabemos que es suficientemente dañino para el organismo.

La excusa del deportista

Yo hago deporte, por lo que puedo fumar tranquilo. ¿De verdad usted lo ha creído? El tabaquismo es una enfermedad crónica adictiva, no se engañe. Que sea un buen deportista no le va a salvar de las complicaciones que provoca el tabaco a su salud.

El consumo de tabaco disminuye el rendimiento físico, debido a que los glóbulos rojos que transportan el oxígeno a los tejidos, se encuentran intoxicados por el monóxido de carbono que se produce.

Los pulmones están deteriorados por el humo y no absorben el oxígeno adecuadamente. Hacer deporte no es una excusa para fumar sin problemas, use su inteligencia y déjese de excusas tontas, sabe que fumar no es bueno, déjelo cuanto antes.

Repercusiones del cigarro

1. Prepárese para tener ojeras y bolsas debajo de los ojos aunque duerma bien (lo cual es poco común si fuma antes de irse a la cama).

2. Olvídese de los dientes blancos al estilo *Hollywood*, y prepárese para darle la bienvenida a dientes amarillos y manchados.

3. Mi mamá tenía razón, y el fumar causa arrugas. Expertos aseguran que el fumar acelera el envejecimiento, debido a que obstruye el torrente sanguíneo que mantiene a la piel luciendo joven y saludable.

4. Sus dientes no son los únicos amarillos, lo más seguro es que sus dedos también lo sean.

5. El cigarro también afecta su cabello, hace que se adelgace y que las canas aparezcan a más temprana edad.

6. La nicotina hace que los vasos sanguíneos sean más angostos, lo que también provoca que las cicatrices tarden más en sanar y sean más grandes.

7. Por último, prepárese para perder su brillo natural.

Estas son sólo algunos de los daños que el cigarro causa en nuestra apariencia física, pero aún hay muchos más. Usted, ¿ya ha decidido dejar de fumar?

Se necesita ser muy terco para no comprender el peligro a su persona. Disculpe mis palabras, es lo más estúpido pagar por una cajetilla de cigarrillos que lo llevaran a enfermarse.

¿Por qué cuesta tanto dejar de fumar?
El *Dr. Alejandro Videla*, neumonólogo del HUA, dice:
"Dejar de fumar cuesta porque el tabaquismo es una adicción compleja, apoyada sobre tres aspectos: uno biológico, que es el efecto de la nicotina en el cerebro, uno comportamental, que hace que la persona

vincule todas sus actividades placenteras y su manejo de las situaciones de tensión al cigarrillo, y uno social, por el que la persona se relaciona con los demás a través del cigarrillo, que sobre todo en la adolescencia, ayuda a construir una imagen personal. Se empieza a fumar por el mecanismo social y después se establece la dependencia neurobiológica".

Mi consejo hacia a usted, es mantenerse lejos de alguien que fume o pídale respetuosamente que fume lejos de usted por respeto a su persona, ya que no es su deseo enfermarse, porque tanto, el fumador como el que no fuma se ven afectados, —si no lo sabía, ahora ya lo sabe—.

Este no es un libro para decirle que hacer y que no debe hacer, al contrario, solo le recuerdo como una forma de ayuda, que tantas muchas veces queremos ser ayudados y no lo conseguimos.

El Alcoholismo

El alcoholismo es una enfermedad que por años ha dominado al hombre y la mujer, el problema empieza cuando una persona se convierte en alcohólica, abusando extremadamente de las bebidas embriagantes. Cuando me refiero alcohólico estoy abarcando los dos géneros femenino y masculino, nunca admite públicamente o pocas veces que esta adicto al alcohol.

El alcoholismo es un padecimiento que genera una fuerte necesidad de ingerir alcohol, de forma que existe una dependencia del mismo, manifestándose a través de varios síntomas de abstinencia cuando no es posible su ingesta.

El alcohólico no tiene control sobre los límites de su consumo, que va en aumento a medida que se desarrolla tolerancia a esta *droga*.

Se considera como una enfermedad crónica, incurable, progresiva y mortal, por la Asociación de Médicos de los EE. UU. (*American Medical Association*), al igual que otras *drogo dependencias*.

La vanidad

No deje que la vanidad se le meta por los ojos y hagas de usted, un ser distinto, recuerde que es un "Ser de Luz" y por lo tanto no se transforme en un presumido insoportable.

Se deja llevar muchas veces por los recuerdos de pobreza y por el momento en el presente, y luego le pesará lo que estas sembrando, la cosecha será el resultado de sus malos manejos con la vanidad y los lujos que no está acostumbrado a tener.

¿Porque tener pantaloncillos de marca si puede tener pantaloncillos sencillos?

¿Busca llenar un vacío?

¿Busca gastarse todo lo que gana?

¿Quiere demostrarle al mundo lo bien que le va?

¿Le molesta tener el dinero en las manos?

Hay gente muriendo de hambre y usted desperdiciando el dinero para satisfacerse así mismo.

Ser vanidoso es talvez para usted normal, pero la humildad lo llevará lejos toda su vida, sea sencillo aunque esté dejandose llevar por su golpe de suerte.

¿Qué quiere para su vida, vivir el presente o el futuro?

Gastar solo en ropa y zapatos caros o quizás viajar por el mundo o comprarse la casa de sus sueños.

No todas las personas tienen las mismas metas y sueños, para algunos es una prioridad mal gastarse su dinero que con tanto sacrificio se ganaron.

Estos son solo algunos de los malos hábitos destructivos que minan la vida de millones de personas de todo el mundo.

Los buenos hábitos son basados en todo lo bueno, lo puro y lo sano, por lo que si nos dirigimos en el camino de la verdad guiados por Dios, podremos vivir una vida pura alejada de los ocio y los malos vicios. Desarrollaremos hábitos positivos que nos permitirán llegar a la autorrealización de nuestro ser.

¡Cree buenos hábitos en su vida y aprenda a ser feliz con lo que es y no por lo que tiene!

"Nunca te conformes con las limosnas de la vida, fuiste diseñado para hacer cosas maravillosas"

CAPÍTULO 3
LA SOCIEDAD ACTUAL

Hasta que el hombre deje de culpar a la sociedad por todo, entenderá que la sociedad somos nosotros mismos. Para crear una gran sociedad hay que crear personas conscientes.

En el mundo actual que vivimos, nos podemos dar cuenta que nuestra sociedad está inundada por las corrientes del materialismo. El descontrol emocional conlleva a las personas a perder la confianza en sí mismos y la falta de dominio propio. El tema central de esta obra es *Emociones que dañan*, ya que consideró muy importante para el ser humano aprender a dirigir sus pensamientos, controlar sus emociones y decretar su destino, para tomar el control de su vida, y poder alcanzar sus metas y sueños.

Veamos algunos de los temas que considero relevantes para nuestra sociedad.

El sexo

¿Por qué están importante tener relaciones sexuales ?

Definitivamente, por la simple razón del placer que provoca estar con su esposa o pareja, y para tener hijos. Si no se quiere tener hijos, por lo menos por el placer que produce, aparte que es muy saludable tener relaciones sexuales.

¿Por qué debo tener precaución y cuidarme?

Hay varias enfermedades de trasmisión sexual de la cuales es muy importante cuidarse, aquí mencionaré algunas:

- *VIH*
- *Sífilis*
- *Gonorrea*
- *Clamidia*
- *Herpes, etc.*

Es mejor tener relaciones sexuales seguras o mejor no tenerlas, no vale la pena el riesgo aunque le guste mucho la mujer o el hombre, recuerde que nadie le importara que cometió un error al no cuidarse y solo sufrirá discriminaciones injustas por gente que no son perfectas, pero que consideran que si solo son.

Un error de este tipo lo podría cometer cualquiera, sin embargo, no todo el mundo es precavido a la hora de cuidarse.

El amor platónico

Todos tenemos en cierto momento de la niñez o cuando somos adultos un amor imposible. Nos gusta una mujer y que por alguna razón, no, nos corresponde como queremos, ya sea porque no le gustamos o porque anda con alguien más. Y qué decir de las que le declaramos nuestro amor y no da resultados positivos o los que nunca se atreven a expresar sus sentimientos por miedo al rechazo.

Siempre hay alguien en la escuela o en el trabajo que nos gusta, pero hay muchas ciegas o ciegos que no son capaces de verlo.

Si usted me preguntara:

—¿Cuántas veces he tenido amores platónicos?

Le respondería:

—Simplemente unas cuatro veces sin resultados positivos. Muchas mujeres buscan el príncipe azul, ese hombre ideal a que llegue, o simplemente muchas son oportunistas y quieren a alguien que les dé un buen estilo de vida, para que los dos no estén en igualdad de pobreza.

Las mentiras

Muchas veces nos vemos obligados a mentirles a personas que queremos para no lastimarlas o para quedar bien con ellos.

Sin embargo, eso no puede ser así, deberíamos ser personas autosuficientes para hacernos responsables de nuestros propios actos, sin miedo a que lo que piensen o digan los demás, ya que una mentira no termina ahí, se agranda, porque una mentira le lleva a otra, lo ideal sería decir la verdad 100% de las veces, pero cumplir, ¡es todo un reto consigo mismo!

Muchas veces es complicado cumplirlo y armarse de valor, para que sea un hombre o una mujer de valores y principios con suficiente madurez, porque una persona madura es la que tiene mejor sentido común en situaciones que tal vez para otros sea una total catástrofe.

¿Le extrañaría si le dijera que la gente teme a dar lo mejor de sí?

Desgraciadamente es así, porque así nos han acostumbrado en casa y es necesario con el único fin de evitar las consecuencias que trae consigo hablar con la verdad.

Una vez el filósofo griego *Aristóteles* dijo:

"*El castigo del embustero es no ser creído, aun cuando dice la verdad*".

Espero que de hoy en adelante, no solo usted mi estimado lector, aprenda la importancia de ser una persona que sea admirada por decir la verdad y que todos confíen en usted, si no lamento decirle, que el sobrenombre que nos ponen viene de la mentira en muchos casos. ¿Es justo eso? No lo es, pero así lo cataloga la gente.

¿Sabía que las personas que se ven serios y lo demuestran a la gente que está a su alrededor, le cuentan sus secretos?

¡Sí! Porque ven en usted una persona que no va a traicionarlos contando lo que ya le dijeron a usted.

Muchos buscamos ese alguien en quien confiar, que no cuente más adelante y que sepa entendernos como queremos, no tiene idea lo grandioso que es confiar en alguien que sabe guardar información y estar seguro de que no se filtrara la información.

El Machismo

El machismo tiene una historia muy antigua desde los inicios de la humanidad. En el mundo actual el hombre sigue optando por esta tendencia absurda donde el mismo cree que tiene siempre la razón y todo el derecho sobre la mujer.

Las novelas son un medio de entretenimiento que nos hace olvidar la vida tan miserable que a veces vivimos y olvidarse de la falta de dinero y de la pobreza por una hora, porque nos concentramos en la novela o el fútbol y nuestras preocupaciones disminuyen por una hora.

Un empresario mexicano, dueño de una televisora, una vez dijo: *"Los ricos como yo, no somos clientes porque los ricos como yo no compran"*.
Nuestro mercado en este país es muy claro, la clase media popular. La clase "exquisita" muy respetable.

En mi niñez me prohibieron ver novelas, recuerde, como lo mencioné anteriormente, que crecí en un régimen muy estricto con demasiada sobreprotección,—no tenía acceso a ver ese tipo de programas—.

Nuestros padres nos educaron como ellos fueron educados por sus padres, en algunos de los casos con mucho machismo y limitaciones, que sin darse cuenta nos afectarían a la larga.

Nos enseñaron hacer inútiles prácticamente, en vez de aceptar que la mujer reciba ayuda, prefieren mejor tenerla de sirvienta en vez de consentida y que se le trate especial, diciéndole, por ejemplo; hoy descansas y cocinas.

Tanto el hombre como la mujer tienen los mismos derechos y obligaciones, estamos viviendo tiempos diferentes.

Mi padre fue un hombre sumamente machista y muy estricto conmigo, me corregía demasiado.

Una vez me vio con la toalla en el pecho y me corrigió, no lo hice intencionalmente, fueron ocurrencias de niño y nada más, pero él lo mal interpreto.

Nuestros padres son nuestros modelos a seguir. Si tú usted es padre o madre, es importante que entienda que los hijos no hacen todo lo que les dice sino lo que hace usted. Sea un gran ejemplo con su familia y no actúe con machismo, recuerde, que hoy son sus hijos y esposa, mañana pueden ser sus nietos y bisnietos.

***Bullying* excesivo**

¿Qué es el *bullying*?
El *bullying* es el acoso físico o psicológico, al que someten de forma continuada, a un alumno sus compañeros. Ahora le compartiré una historia que viví desde niño, en la cual, me vi aquejado por el *bullying*:
Desde niño viví acoso en mi país tanto de gente adulta como de adolescente y niños. Mi familia es muy chapada a la antigua (conservadores), recibía bullying en las calles y en las escuelas me ponían nombres feos y homofóbicos, que al recordarlo, me revolvía el estómago. Fue grande el daño y la herida emocional que eso me causo. He venido sanando poco a poco, el día de hoy, me siento sano gracias a Dios y he perdonado a todas aquellas personas que me hicieron mal. No vale la pena perder mi juventud y mi tiempo odiando a nadie, no se merecen ser los dueños de mi tiempo ni que los recuerde con odio.

Pasé situaciones difíciles que aprendí a superar con una Actitud Mental Positiva. Dejé todo en manos de Dios.

Si usted es víctima o conoce a alguna persona que haya pasado por algún tipo de *bullying*, le digo que no es final, ¡hay que ser fuertes y no permitir que nadie nos maltrate ni mucho menos nos haga daño!.

¡Usted vale mucho y merece respeto! Las personas que hacen de menos a los demás y critican, como lo dije en los primeros capítulos, son personas que tienen defectos mentales.

Estos son algunos de los temas que acontecen en nuestra sociedad y que a muchas personas las llenan de *taboos*, por las vagas creencias que otros les inculcan.

La falta de información y la ignorancia llevan a nuestra sociedad a la mediocridad y el conformismo.

Me gustaría recalcar que los pensamientos y emociones que uno concibe y desarrolla, determinan quienes somos, por lo que lograr metas y sueños en la vida, difiere mucho de nuestra manera de pensar y actuar.

Cuidemos a nuestras familias y seamos buenos ejemplos para nuestras parejas e hijos, ya que ellos son nuestros regalos que se nos han otorgado para disfrutarlos y ser felices.

La familia es la base de la sociedad, por lo que si deseamos vivir en una mejor sociedad iniciemos por plantar buenos principios y valores en nuestros hogares.

¡Hagámoslo ya!

"Sacúdete del conformismo y la mediocridad para comenzar a lograr tus metas y convertir tus sueños en realidad"

CAPÍTULO 4
LA VERDAD DEL TRABAJO

Siempre que te pregunten si puedes hacer un trabajo, contesta que sí y ponte enseguida aprender cómo se hace.

—Franklin D. Roosevelt

Jefes y empleados

Estamos en la mitad de esta fabulosa obra, ahora le compartiré como el descontrol emocional afecta en todos las facetas de la vida del ser humano, en este caso, hablare como repercute en el trabajo con la relación que hay entre el jefe y empleado.

Del libro *Cómo sobrevivir a mi jefe*, la señora *Adriana Loaiza* nos habla de los diferentes tipos de jefes que existen en la vida diaria y que no sabemos cuál nos toque en un trabajo. En su libro nos comenta que existen varios tipos de patrones, veamos cuales son:

1. *El sabelotodo*
2. *El Abusivo*
3. *El Barco*
4. *El Tirano y…*
5. *El Sargento*

Esos son los tipos de jefes que ella nos menciona en su hermoso libro, pero no voy a contarle demasiado ya que si no solo sería una copia de su libro y no es la idea.

Ella describe un jefe tirano como una persona que busca controlar todo a su alrededor pero no soporta que lo controlen o tener un jefe autoritario.

Que tiene muchas expectativas sobre la gente, y que será extraño que obtenga algún reconocimiento por parte de él. Ni siquiera se puede esperar un gracias pues considera que usted hace su trabajo y que para eso le pagan.

Personalmente agregaría dos tipos más: *El jefe injusto* y *el jefe inepto*. Tanto la señora *Loaiza* como yo, hemos pasado por todo tipo de trabajos a diferencia que ella ha sido más eficaz que yo y ha obtenido mejores puestos.

El jefe inepto

Es el jefe que no hace lo que debe hacer cuando lo debe

hacer, *se duerme en los laureles,* tarda en hacer valer sus derechos con los malos elementos. Sus emociones lo tienen controlado y su ego está muy inflado, por lo que se vuelve inservible. El jefe incompetente es aquel que en pocas palabras no tiene *los pantaloncillos bien puestos* para que su subordinados agarren disciplina si es el caso. Ejemplo: Si no trabajas como es, la compañía tomará medidas drásticas contigo.

Hay muchos jefes incompetentes en esos cargos pero que no están realmente preparados para esa posición. Les voy a cambiar los nombres para proteger sus identidades, tenemos a Robinson, es un jefe totalmente de título, pero no resuelve problemas, ninguno, solo le interesa quedar bien y cuidar su trabajo. Es una buena persona pero le falta mucha experiencia en liderazgo, no apoya a sus dependientes como debería por eso es difícil creer que él sea un verdadero jefe. Cuando habla con él invade responsabilidad, prefiere mantenerse al margen de asuntos ajenos y así todos felices.

Robinson es un tipo amistoso, pero como dije anteriormente es un cero a la izquierda. Un jefe debe involucrarse más en su trabajo, creérselo y ayudarle a sus dependientes que cuentan con su apoyo en ciertas situaciones y no salir corriendo como las cucarachas. Este jefe es de decoración.

Jefe injusto

El jefe injusto es el que le abusa y se aprovecha de usted, que en lugar de exigirle a los demás lo mismo se lo pide a usted. Su mente está dominada por estos dos tipos de emociones negativas: *el odio y el rencor,* lo que lo mantiene cegado y en antipatía con sus empleados.

Entiendo que a lo mejor para algunas cosas puede quizás tener más confianza pero no debe excederse en sus peticiones, ya que eso es abusar cuando sabe que otros están ganando dinero. También despierta la envidia de los otros trabajadores, porque encuentran que están favoreciéndolos y presionando a otros con mucho trabajo.

Una experiencia llena de enseñanza

Creo que sus hechos lo dicen claramente, el jefe injusto le va a molestar hasta que vaya al baño porque yo lo he pasado. Estuve en un trabajo en el cual había una supervisora que una vez me dijo algo que llevó clavado como una estaca en mi mente y corazón, todavía recuerdo sus palabras: *"Para eso sí él es bueno para ir a su descanso, si así fuera para trabajar"*. En ese momento acababa de sonar la chicharra (timbre) para ir al descanso. Hasta el sol de hoy no he entendido porque su comentario amargo y porque le molestó, si los descansos son los derechos del trabajador y no me fui antes si no al momento que tocaba.

Definitivamente, su comentario estuvo muy fuera de lugar, no sé qué creía ella que tenía trabajando, si un ser humano o alguien de piedra. Un día esa supervisora me mando a barrer el frente de la factoría, a pesar de que no era mi trabajo yo lo hice con todo gusto para justificar el sueldo que me pagaban por semana.

Después, fui contratado para lavar los platos en una máquina que lavaba plástico y losas, era una compañía que le hacía comida a los vuelos de un aeropuerto, la presión en ese lugar era horrible. Nunca era suficiente para ellos lo que yo hacía, siempre esperaban el triple o más de mí, solo imagínese esperar el triple o más de una persona y que lo único que escuchara serán quejas e inconformidad por el trabajo.

A lo mejor el equivocado era yo y no daba lo suficiente, o quizás el abuso era mucho de parte del líder y los jefes. Lo hacía tan rápido como podía y la presión de la jefa era tanta que llegué a sufrir de presión alta y me ponía nervioso delante de ella.

Altagracia era una mujer muy exigente y no se andaba con sentimentalismos ni piedad con los empleados, era una mujer de temer ya que infundía miedo y odio. La gente decía: ¡*Hay viene Altagracia!* Quiero aclarar que este es un seudónimo que utilizo solo para no decir el nombre real de ella.

De ella aprendí que cada jefe es diferente y que no va a

socializar a un trabajo ni a caer bien sino a ganar dinero, lo cual ellos sienten que están pagándote millones y millones, pero bueno, uno no sabe que paraíso o que infierno va a vivir en un trabajo, y como la mayoría de personas son así como dice el mensaje siguiente: *"La persona que solo hace aquello por lo que se le paga no tiene una razón para pedir que se le pague más pues ya está recibiendo todo lo que está ganando".*

Esto es tan cierto como que su mamá le tuvo nueve meses en su vientre.

Una vez recuerdo que llego un joven a esa factoría muy amistoso por cierto y con muchas ganas de aprender el trabajo rápido y me ofrecí a ayudarlo. Entonces, llegó Altagracia y dijo que nosotros estábamos conversando, cuando en realidad le estaba explicando cómo hacer el trabajo a este nuevo trabajador.

El muchacho también fue tratado con mucha presión por parte del líder y de la jefa déspota. El mismo día que empezó le sacaron el jugo y él opto por no regresar más a ese lugar, dijo acá tratan la gente como animales y renuncio.

El trato nefasto era las 8 horas que recibía ese funesto abuso, pero ella no solo hostigaba si no que se encargaba de ponerme en mal con otros jefes que no se metían conmigo.

Finalmente, un buen día me dijeron:

—Hasta hoy trabajaste aquí, ya no tiene más trabajo.

Solo dije: —*Okey.*

No suplique ni pedí explicaciones, pues, ya sabía cuáles eran las causas del despido.

Jefes "buena onda

Siempre encontrara jefes *chéveres*, no todo es negro ni malo. Estos jefes tienen sus emociones muy controladas y en su mente abundan emociones positivas como: *el amor y la fe.* Una vez tuve un jefe muy bueno en una factoría de queso, él te veía trabajando y no molestaba, simplemente quería que tuvieras haciendo tus tareas. Nunca lo vi tener un problema con nadie, la gente lo quería mucho, pero, como Ernesto, que es el seudónimo que utilizo para describir a este personaje, hay pocos. Él era una gran persona, podías llegar tarde y no te regañaba, si hubiera sido otro hasta te suspende por eso.

Creo fielmente que si tiene un jefe buena onda no sea un ingrato con él, ni tampoco abuse de su bondad, porque habrán cosas que él no le gustarán.

Siempre háblele con la verdad, en algún momento se lo va agradecer.

Jefes mentirosos

He tenido jefes mentirosos que no han sido capaz de dar la cara por mí ni ninguno de sus empleados cuando se necesita. El seudónimo que utilizaré en este caso es Héctor. Sus palabras y sus acciones daban a entender que a él *le valía un comino* el crecimiento personal nuestro, uno busca crecer en un trabajo y este jefe no era de los que ofrecía oportunidades. En ese entonces buscaba ganar más dinero para pagar las necesidades básicas y la paga era una ayuda, pero, no me resolvía mis situaciones.

Este jefe no me ayudaba en mi crecimiento personal en ese trabajo. Deseaba aprender y experimentar cosas nuevas y no quedarme estancado como un empleado que esta estático en un mismo puesto de trabajo, que no tiene la menor oportunidad de ser alguien en ese lugar aunque se esfuerce.

La puntualidad es un factor importantísimo y no llegar tarde ni faltar eso le gusta a las compañías, que sea responsable y cumpla con su trabajo, no de motivos a un despido fácilmente. Las compañías van evaluando su desempeño y son muy estrictas en eso. Busque brillar en su empleo, ya sea desde un restaurante hasta las oficinas de las Naciones Unidas (ONU).

Recuerde, que aunque sea trabajo diferente el resultado va a ser el mismo.

Porque ellos saben que hay miles de personas aplicando para una oportunidad de empleo. Valore lo que hace y cuide su trabajo lo más que pueda.

Como le dije anteriormente, siempre hablar con la verdad a su jefe, gánese su confianza sin ser adulón sin necesidad de los elogios falsos o estar comprándole comida o líquido para quedar bien con él.

A su jefe siempre le gusta que haga el trabajo bien y rápido, y que justifique el sueldo que se le paga.

Su jefe no le gusta ni a ningún jefe que esté de vago tratando de matar el tiempo, caminando o escondido en el baño ya que mucha gente usa ese estilo en los trabajos.

El robarse el tiempo están malo como robarse unos zapatos, no lo recomiendo. Las personas honestas con principios no hacen eso. Su jefe le estará agradecido de ver que no tiene un empleado mañoso que acostumbra a robarse el tiempo.

Reglas y castigos

La regla es respetar las condiciones del trabajo y no pasarte de listo porque tarde o temprano, su jefe y le atrapará. Los castigos son las advertencias ya sea de manera verbal o por escrito que le pueden llevar al despido.

El despido. Demuéstrele a su jefe que esta ahi para la compañía y que puede trabajar siete días sin problemas y horas extras, ya que un negocio es lo que más quiere, gente que puedan estar disponible.

Mucha gente está esperando la hora de salida con desesperación y no dejan de ver el reloj, desafortunadamente quieren que el tiempo se valla más pronto.

Y cuando tiene jefes déspotas y exigentes como Altagracia, no quieren que se vayan cinco ni tres minutos antes, eso les parece que es un mal elemento y que es muy pronto, mejor prefieren que se vayan cinco minutos después.

Es lo justo para este tipo de jefes, que se vaya después

pero no para usted, porque a veces eso puede implicar perder el autobús o tren, si coincide el horario del transporte con su hora de salida. Estos jefes absorbentes no entenderían que tres minutos antes no hace la diferencia si en las 8 horas dio lo mejor de usted.

Entiendo que en un trabajo no están para solucionar los problemas o la vida de alguien, están porque necesitan hacer crecer su negocio más y más, es lo que muchas veces los empleados no logran ver ni entender.

Los empleados hacen sus rabietas porque los manda hacer cosas que no quieren hacer, pero se les olvida que fueron contratados porque creen que son capaces de hacer cualquier cosa. De otro modo, ese puesto debería estar libre para otro que reúna los requisitos.

Los empleados quieren ponchar la tarjeta para empezar a trabajar y quieren ir al baño luego de haber entrado y después ir al piso, eso a ninguno gerente le va agradar, ahí uno se expone de gratis a que el jefe lo discipline o si no dicen; "ahora vengo, es que se me olvido algo".

Ningún jefe puede ver eso con buenos ojos, está demostrando ser inmaduro y que no está nada que por el cheque que se le pagara por estar físicamente ahí, ya sea semanal o quincenal.

Las empresas esperan todo de usted, se oye feo pero ellos quieren hasta su saliva y es lo que mucha de nuestra gente no logra entender, que no le tienen ahí porque: ¡pobre de Manuel necesita trabajar! Hay que darle un chance, es una de las causas por las cuales los despidos son más.

Si bien el jefe puede ser muy déspota con sus empleados y no dejarlos ni respirar, también hay gente que dice; no puedo trabajar el 31 de diciembre porque al día siguiente es primero de enero y estaré con una cruda, pasaré la noche celebrando el fin de año, a la empresa no le interesa lo que quiere hacer para ese día.

La empresa quiere contar con ese empleado al cual contrato creyendo que le sería útil en ocasiones especiales no al mediocre que tiene que celebrar *poniéndose hasta atrás* celebrando año nuevo y fin de año. Sus acciones hablan mucho de lo que es usted y manda sin querer el mensaje incorrecto y supongo que no quiere eso, ¿verdad? A menos que su trabajo no le interese en lo más mínimo, por lo menos sea inteligente y disimule que odia el campo laboral.

La persona que le contrato, cree en usted, en la aplicación dijo todo que sí y ahora está fallando, no es dos personas es una sola, no lo olvide.

Trabajar 8 horas diarias y 40 a la semana no es algo fácil, sin embargo, no hay de otra a menos que ponga su propio negocio.

El empleado terco

El empleado terco es aquel que a pesar de que esta en ese trabajo se da el lujo de decir o no es que yo no fui contratado para eso, ese no es mi trabajo que lo haga otro. Le doy un consejo: *a la compañía no le importa su punto de vista,* simplemente dicen; tenemos una persona que no le gusta seguir instrucciones y cuando hay que recorta el personal es de los primeros en la lista o no le toman en cuenta para cuando haya tiempo extra, ya que saben cuál será su típica respuesta: ¡No puedo, por la razón que sea, es que se me daño el carro, ya tengo planes para ese día!

Ya me lo han hecho, trabaje una vez en una compañía de queso como lo dije anteriormente y un tiempo se me ocurrió decir que solo quería trabajar 8 horas para que le cuento, eso le cayó como un balde de agua fría a la jefa que estaba feliz si se puede decir así, con que trabajara 12 horas diarias. Cuando había tiempo extra no me tomaba en cuenta, se lo ofrecía a otros colegas.

Esas son las consecuencias cuando no está usted al 100% en el empleo, le recortan horas o no le toman en cuenta cuando hay tiempo extra o no le pagan lo que es de los bonos, le tienen en la mira.

Hay tres formas o colores en el trabajo de ver esto, una

es; si está en verde, quiere decir que todo va de maravilla con su trabajo y su jefe el 98%. Si tiene un amarillo que es lo que muchas veces me pasó a mí, no van muy bien las cosas, está regular 50%, cuando llegue al amarillo es por problemas que llega tarde o faltas o por estar pidiendo muchos permisos, o cuando le niega a trabajar tiempo extra o días festivos.

En rojo significa que en cualquier momento por cualquier cosa le van a despedir de ese trabajo. Bueno, ya que sabe los tres colores en él trabajo, cuide su empleo, deje de pensar como un irresponsable y demuestre responsabilidad. Tal vez no lo sabe, pero le está quitando la oportunidad a alguien más que talvez si necesita trabajar, ¿dónde está la humildad suya como ser humano?

Empleados complicados

Son aquellos que siempre tratan de no respetar las ordenes de sus jefes, dicen si yo lo voy hacer y finalmente cuando el jefe se va no hace lo que se le ordenó.

Son también conflictivos con sus compañeros de trabajo, les encanta que allá un ambiente de hostilidad si no es así, no pueden trabajar tranquilos porque es su forma de ser.

He trabajado con compañeros de trabajo que son chismosos y que por lo regular les gusta calumniar a los demás, pero, hay que aplicar en ese caso lo que dice la oración de *San Francisco de Asís;* "*Ser comprendido si no comprender porque es al perdonar que somos perdonados*".

Ahí se debe aplicar eso de otra manera, pues, habría una pelea, ya que ese empleado solo busca desestabilizarle emocionalmente con su veneno.

Pero se debe ser más inteligente y no caer en provocaciones baratas. Dios le dio la inteligencia necesaria para que sea inteligente y sepa cómo defenderse.

Uno no va a un trabajo a dañar por nadie, va a ganar dinero para pagar sus gastos y a trabajar como se debe para traer *el pan de cada día a la casa.*

Cuando su jefe le pida algo hágalo con la mejor intención y actitud, que se vea que tiene interés no de mala gana. Eso lo tomará en cuenta su jefe a la hora de un aumento de sueldo.

El aumento de sueldo

Todos queremos un aumento de sueldo, la señora *Loaiza* junto con el *Dr. Cesar Lozano* dan algunas ideas claves de cómo conseguirlo, ellos sugieren que sea proactivo y no reactivo en el trabajo que si hay que recoger del piso un papel que lo haga, porque así su jefe no le vea, le llegará la información de que está trabajando bien y es bien colaborador, o, le verá otro jefe esforzándose.
¡Dios siempre nos ayuda a que las cosas salgan bien!
Siempre debe tener la misma actitud de servicio con su jefe, acuérdese que está alquilándose le guste o no, no está de huésped.
Si quiere un aumento no llegue tarde o falte mucho, eso se usa en su contra y le pone en el color amarillo con ellos, dependiendo que tanto lo hace le pone en rojo, que es donde despiden gente y los peores son los primeros.

Robarse el tiempo

A ningún jefe le va a gustar eso, que no esté en su puesto de empleo y mucho menos agarrándose tiempo que no le pertenece que le está costando a la compañía, no quiero que piense que estoy en contra suya solo digo lo que es la realidad, hay empleados muy mañosos que se las ingenian para matar el tiempo
La señora *Loaiza* dice en su libro *Cómo sobrevivir a mi jefe*, que somos un número para las empresas, no niego que se oye feo pero si es así es así y tanta gente que se cree lo máximo en los trabajos, por cierto, le obsequiaré una copia de este libro ya que ambos tenemos eso en común los muchos trabajos, mi

libro es un complemento del suyo.

Trabaje en una quesería donde el hostigamiento era horrible, no se podía ni respirar, en un ambiente de hostilidad no hay paz, uno quiere que su lugar de trabajo y sus compañeros seamos una familia pero a veces es imposible.

Hay gente que no sabe cómo convivir en un equipo, solo quieren hacer los que ellos quieran. Les cuesta entender, que es trabajar en equipo para que así nadie le toque más pesado, ni haya injusticia, aunque pienso que injusticias siempre habrá, pero podríamos mejorar eso un poco.

El tiempo

Su patrón es dueño de su tiempo mientras este en el trabajo por eso es que él es están molestoso, no lo odie, simplemente ese el sistema en que vivimos. No hay mucho que pueda hacer, necesita el dinero, respete las condiciones de ganarse el pan de cada día, no sea revolucionario como hacen muchos.

Su patrón le está tomando el tiempo hasta que cuando al baño pero es el sistema laboral. Como le comente:

"Fíjese como le habla a su jefe, no sea grosero con él, respételo y no le diga mentiras, verá que su jefe se lo va agradecer, siempre va a tener la mejor opinión sobre usted aunque sea un empleado regular ni muy bueno ni muy malo y confiará en usted".

No le voy a decir que es como su segunda mamá ni segundo papá, porque eso es mentira, cuando le mandan a volar, le despiden y no hay afecto que valga.

Muchos empleados piensan que las compañías tienen la obligación de dar la vida por ellos, y la verdad es que la empresa ven cantidad de gente que busca trabajo y siempre está contemplando nuevos candidatos, porque nadie es indispensable. Si usted es de ese tipo de personas que se siente así, está perdiendo su tiempo.

Si su jefe un buen día necesita apoyo para cubrir un

espacio y le llama de emergencia a su celular o a su casa, no lo está haciendo por usted por aprecio hacia su persona, simplemente está viendo la mejor manera de cómo solucionar eficientemente un inconveniente rápido de último momento, porque muchas veces hay gente que se le sube el ego y se sienten súper importantes porque los llaman.

Las responsabilidades

Los empleados que quieren tener responsabilidades son pocos y se pueden contar casi todo el mundo que escucho son gente que no están preparados ni físicamente ni mentalmente para lidiar con responsabilidades, ellos buscan su cheque semanal o quincenal, dependiendo del lugar como paga y todo el mundo feliz.

El tener una responsabilidad le lleva a otro nivel, que a la larga le dejará experiencia para un trabajo mucho mejor que el que tiene y mejor pagado. Es lo que todo el mundo busca, tener un buen sueldo, pero la gente no tiene visión clara de que la única forma de que eso pase es adquiriendo experiencia y conocimiento.

En muchos trabajos no le dan las oportunidades que pide para crecer.

Pero, sé que también hay empleados malos que tienen mentalidad de cobarde le huyen a los retos que se les puedan enfrentar en el camino hacia su éxito personal y ellos se conforman con ese puesto mediocre que tienen, perdone, mi intención no es ofender a nadie, solo hablo y escribo de lo que he vivido con compañeros de trabajo y que he escuchado de ellos, la gente evita los problemas pero sin sufrimiento no hay victoria, como suele decir una persona optimista:

"Encuentra una respuesta para cada problema. El pesimista ve un problema en cada situación".

Nunca será importante en un trabajo si siempre quiere estar en la misma posición, un jefe espera aunque no lo ex prese directamente crecimiento y desarrollo personal de subordinados.

La gente no se da cuenta pero solo se muestran como personas minusválidas aunque no lo sean que no son capaces de llegar a más y conformistas, esa es la imagen que los demás empleados ven en usted y su patrón ni se diga.

Así que piénselo dos veces, si quiere seguir en el nivel más bajo como conformista o quiere un cambio para que tenga éxito y un mejor sueldo y gane la admiración de muchos. Controle sus emociones y no permita que nada ni nadie le descontrole.

La ley de la Recompensa dice:

"Todas las recompensas requieren de un esfuerzo inicial".

En su empleo puede llegar como el obrero común y corriente haciendo cualquier trabajo, pero también puede ir aprendiendo poco a poco sin goce de sueldo incluso, el objetivo es aprender y puede llegar hacer hasta jefe o jefa, si se lo propone.

La siguiente recomendación para usted de mi parte es: *"No vea el trabajo como una obligación diaria si no como una vocación".* Aprenda amar lo que hace y estará feliz en ese lugar, y no amargado o frunciendo el ceño, las caras tristes producen más caras tristes, y las caras sonrientes sonrisas y felicidad.

Utilice su trabajo no como una condena, no como un castigo, si no como una oportunidad de demostrar y demostrarse sí mismo lo que puede hacer.

Cuando su jefe le esté apresurando que suele suceder mucho, aplique esto, hay dos formas de hacer las cosas; despacio y bien, o rápido, y hacerlas dos veces.

Ayúdele a sus compañeros de trabajo con el trabajo, finalmente a los dos les corresponde la misma tarea, al ayudar a otros creamos lazos positivos y duraderos con la gente y mejoramos la imagen que tenemos de nosotros mismos.

Aprenda esto de memoria y anótelo en una hoja, llévelo diariamente a su trabajo.

La siguiente reflexión es extraída del libro *Cómo sobrevivir a mi jefe* de *Adriana Loaiza*.

Igual que yo

*Igual que yo,
mi jefe está buscando
la felicidad en su vida.
Igual que yo,
mi jefe está buscando
evitar el sufrimiento.
Igual que yo,
mi jefe conoce el sufrimiento.
Igual que yo,
mi jefe conoce la tristeza,
la angustia,
la soledad y la desesperación.
Igual que yo,
mi jefe busca satisfacer
sus necesidades
y las de su familia.
Igual que yo,
mi jefe está aprendiendo.
Igual que yo,
mi jefe tiene un jefe o varios.
Sermón de la montaña.
Trata a tus congéneres igual
que quisieras ser tratado.
Familiarízate con tu otro yo
talvez sea mejor que
el yo que conoces mejor.
Si no puedes tolerar la crítica
será mejor que no inicies
nada que sea nuevo.*

Ponga en práctica esa bella reflexión y aprenda a dirigir sus pensamientos y controlar sus emociones. No deje que nada ni nadie le robe su paz interior.

¡Usted es un ser maravilloso y todo lo que se proponga lo puede lograr!

Alvin Almonte

CAPÍTULO 5
LA IMPORTANCIA DEL TIEMPO

Hasta que no te valores a ti mismo no valoraras tu tiempo.
Y hasta que no valores tu tiempo no harás nada con él.

—M. Scott Peck

El tiempo es uno de los más preciados regalos que los seres humanos tenemos, porque es invaluable y relativo. Es decir, podemos crear muchas cosas pero no más tiempo. Cada quien decide como emplearlo de la manera que le sea mejor. Es el factor común que todos tenemos y que debemos de aprovechar al máximo para lograr nuestras metas, cumplir nuestros sueños y aprender a ser felices.

Ahora veamos algunos ejemplos de cómo la gente emplea su tiempo en base a sus emociones.

El Deporte

¿Qué beneficios nos trae el mirar deportes o ser un fanático del béisbol, futbol o básquetbol?

Absolutamente ninguno, solo es perder el tiempo y su ganancia es cero. Discúlpeme que se lo diga, pero es la verdad, mientras ellos están ganando millones de dólares, usted está perdiendo su tiempo con ellos, sin ganar un solo centavo.

Deja de hacer cosas más importantes por hacer cosas menos importantes, lo tienen en sus manos.

A partir de hoy, sea más inteligente con su tiempo, no estoy diciendo que no lo sea, si no que sea más hábil en cómo usar su tiempo.

No he visto a nadie que salga beneficiado por estar de fanático de alguno de estos deportes.

El descontrol emocional en las personas los lleva a ser fanáticos de ciertos equipos y estrellas del deporte, que también, en algunos casos, se vuelven *consumidores excesivos* de ciertos productos o marcas que patrocinan ciertos deportistas.

Los comerciantes son muy inteligentes para comercializar sus productos o sus nombres con los seguidores, que se dejan guiar por sus impulsos y emociones.

La cruda realidad

En el mundial del 2014, no había un lugar que no pasará donde no hubiera gente haciendo negocio, vendiendo cosas, eso sin contar que los canales de televisión no transmiten otra cosa que no sea deportes.

Dirá usted, que *antideporte* eres, no lo soy, pero tengo los pies en la tierra mi tiempo es corto en este mundo y muy valioso, para desperdiciarlo viendo algo que no es productivo para mí, ¿me explico? Que no me deja un aprendizaje monetario por ver o de sobrevivir a la vida diaria, porque ellos están trabajando, por si no lo sabe es su pasión aparte de su trabajo en cambio los seguidores siente pasión por los deportes pero no viven de eso tienen que trabajar en otra cosa.

Volviendo al tema anterior, la olimpiada al igual que los mundiales acaparan toda la atención de los seguidores.

No hay un lugar que no vea el televisor en el canal de la olimpiada o el mundial, por eso digo; queda atrás cualquier evento que haya ocurrido por esas fechas, por ejemplo: una señora de la segunda edad que hallan golpeada, para robarle dinero o un accidente de automóvil, etcétera. El mundial o la olimpiada es el tema y el programa del momento.

Escucho solo las personas que hablan de deporte donde quiera y es la falta de preparación, pero no escucho a nadie hablar de los millonarios que hay en el mundo y cómo hacerle para seguir sus pasos o investigando como empezaron ellos.

Estas herramientas de deportes tienen al mundo a su merced, con eso engañan a la gente con un guante, un bate, un balón de futbol, una pelota de básquetbol, etc.

Imagínese, que grandioso sería si la gente invirtiera el tiempo que invierte en deporte en investigar los millonarios del mundo y educarse de cómo han logrado el éxito y cómo seguir sus pasos.

Hace poco, me tocó presenciar cómo alguien le cambiaba a una película para poner *futbol Americano*, esta persona le dijo a su amigo: *"Ya estas adicto a eso, ya no puedes vivir sin ver los programas deportivos aunque eso solo te quite el tiempo no te produzca ganancia".*

Espero, que de hoy en adelante, empiece a cambiar sus hábitos y dedique ese tiempo a otra cosa más importante. Ahora le compartiré algunas de las actividades que puede realizar sanamente de acuerdo a sus necesidades, metas y sueños. De esta manera aprovechará mejor su tiempo, y su mennte se llenara de pensamientos y emociones positivas.

Actividades productivas

- ✓ Aprenda a tocar algún instrumento musical.
- ✓ Escuche música clásica u otra clase de música positiva.
- ✓ Haga una caminata.
- ✓ Baile.
- ✓ Cuide la flora y la fauna.
- ✓ Visite museos.
- ✓ Recuerde los buenos tiempos.
- ✓ Pida un abrazo.
- ✓ Respire profundamente.
- ✓ Medite.
- ✓ Ore.
- ✓ Asista a Seminarios o Conferencias de Desarrollo Personal.
- ✓ Duerma temprano.
- ✓ Coma saludable.
- ✓ Visite parques para recrear.
- ✓ Lea libros.
- ✓ Sonría.
- ✓ Escriba libros de auto-ayuda o biografías.
- ✓ Rodéese de gente positiva.
- ✓ Haga ejercicio.
- ✓ Etc.

Estas actividades le ayudarán a desarrollar su mente y sus

habilidades lo que le permitirá alcanzar sus metas y lograr sus sueños.

Aproveche al máximo su tiempo con sus seres queridos y haciendo lo que tanto ama con mucha pasión.

Finalizare este capítulo con un bello poema del poeta chileno *Pablo Neruda*, considerado entre los más destacados e influyentes artistas de su siglo; <<*el más grande poeta del siglo XX en cualquier idioma*>>, según *Gabriel García Márquez*.

Oda del tiempo

Dentro de ti tu edad creciendo,
dentro de mí mi edad andando.

El tiempo es decidido, no suena su campana,
se acrecienta, camina, por dentro de nosotros,
aparece como un agua profunda
en la mirada y junto a las castañas
quemadas de tus ojos una brizna, la huella
de un minúsculo río, una estrellita seca
ascendiendo a tu boca.

Sube el tiempo sus hilos
a tu pelo, pero en mi corazón
como una madreselva es tu fragancia,
viviente como el fuego.
Es bello como lo que vivimos
envejecer viviendo.

Cada día fue piedra transparente,
cada noche para nosotros fue una rosa negra,
y este surco en tu rostro o en el mío
son piedra o flor, recuerdo de un relámpago.

Mis ojos se han gastado en tu hermosura,
pero tú eres mis ojos.

Yo fatigué tal vez bajo mis besos
tu pecho duplicado, pero todos han visto
en mi alegría tu resplandor secreto.

Amor, qué importa que el tiempo,
el mismo que elevó como dos llamas
o espigas paralelas mi cuerpo y tu dulzura,
mañana los mantenga o los desgrane
y con sus mismos dedos invisibles
borre la identidad que nos separa
dándonos la victoria
de un solo ser final bajo la tierra.

Emociones que dañan

Alvin Almonte

CAPÍTULO 6
LAS METAS Y LOS SUEÑOS

Todos nuestros sueños se pueden hacer realidad si tenemos el coraje de seguirlos.

—Walt Disney

Establecer metas y sueños

Nuestras metas y sueños son primordiales para que lleguemos autorrealizarnos y alcanzar la plenitud total de nuestro ser.

Es menester que establezcamos las metas y sueños que deseamos alcanzar por escrito, además trazar un plan para lograrlos. Haga una lista de las metas y sueños que quiere cumplir, ya sean 12 o 20, escríbalo en una hoja y péguelos a la pared, para que a diario se acuerde del compromiso que ha hecho consigo mismo y que quiere llevar a cabo.

Ahora, vaya paso por paso, no todo se conseguirá al mismo tiempo es poco a poco.

Fíjese que debería ser primero para usted, establezca prioridades y póngase en acción, le daré algunos ejemplos:

1. Hacerse ciudadano Americano.
2. Conocer Los Ángeles California.
3. Conocer la Muralla China.
4. Graduarse de la Universidad.
5. Comprar una casa.
6. Escribir un libro.
7. Crear su negocio propio, etc.

Y así sucesivamente, anteriormente hablé de la importancia del ahorro.

¿Es usted responsable de cumplir sus metas? Nadie lo va a ser por usted y tampoco a nadie le importa si lo logra o no.

No escuche comentarios negativos sobre sus sueños y metas, por ejemplo: *¡Eso es muy difícil lograrlo!* Ningún sueño o meta es muy difícil de cumplir, todo depende de su actitud y la fe que tenga para alcanzarlos.

Todo llega a tiempo, solo Dios sabe cómo y cuándo es el momento adecuado, no siempre será joven, tiene que dejar un legado en este mundo. Debe tener metas a corto y largo plazo, ya que no todas se conseguirán en corto plazo algunas se conseguirán a largo plazo por eso este consciente de tener metas a corto y largo plazo. Cuando vaya a hacer algo no se lo diga a nadie ya que la envidia tiene el sueño muy ligero y no todo el mundo se alegrara por usted.

Tiene que empezar a trabajar en sus metas, por lo mismo que no siempre será joven. A los 50 años ya no se consigue tan fácil como a los 30's, sin contar que a esa edad está cansado, no tiene las mismas ganas ni energía para luchar.

No se mate trabajando, trabaje para vivir. No viva para trabajar, como hacen mucha gente, que viven para trabajar y se olvidan de lograr cosas en su vida.

Entiendo que a veces el dinero no alcanza y no nos pagan suficiente, y hay que tener dos trabajos para cubrir las necesidades básicas.

Trate siempre de superarse, ya que eso no es de por vida, si no algo temporal, hasta que pueda conseguir otro trabajo o nuevas oportunidades.

Le recomiendo que luche incansablemente por sus sueños, ya que la gente le aconsejará negativamente, pero la última palabra, la tiene usted, no los escuche, lo que ellos buscan es obstaculizar el progreso ajeno.

Acuérdese que cuando le dicen:

—¡No se puede! Es puro egoísmo y envidia, en realidad le están diciendo:

—¡Sí se puede! Aunque no lo pueda ver, ellos hablan por sí mismos, no por usted. Esto lo podrá entender mejor cuando lea el libro de *"Los 4 Acuerdos"*.

El autor del *bestseller "Piense y hágase Rico"*, el *Dr. Napoleón Hill* nos dice en su obras:

"No le digas al mundo lo que quieres hacer primero demuéstraselo con hechos".

Conozco gente que viven el día a día sin importarle nada, ni tienen metas por cumplir. Le recomiendo agendar todas tus actividades; citas médicas, cosas que hacer durante la semana, y así su vida será más organizada y sabrá que tiene que hacer mañana.

Cuando vaya logrando sus metas ganará mucha admiración de los demás aparte de su crecimiento como ser humano. Con sus logros animará a otros a hacer lo mismo y querrán seguir sus pasos, será un ejemplo a seguir para muchos que necesitan un empujoncito para creer en ellos mismos.

Le sugiero tener dos agendas: una para su casa y una pequeña, para llevarla con usted en la mochila, para anotar lo que sea por sencillo que sea, lo que le ayudara a crear el buen hábito del orden en su vida.

Cumpliendo mis sueños

Me gustaría compartirle parte de las experiencias que he venido superando y cómo planifique mis metas y sueños para lograrlos.

Resulta, que el sueño de escribir esta obra me llevo tiempo en aceptarlo y creer que podía hacerlo. Había indagado en lograr mis metas y sueños, pero no creía que podía lograrlo.

He conocido a muchas personas maravillosa que han escrito libros y que a la vez, han sido mi inspiración para hacer el mío realidad.

He aprendido que no solo basta con tener metas y sueños, hay que creer que los podemos alcanzar con mucha fe y poner acción inmediata para llevarlos de un pensamiento a una emoción, y luego a la realidad.

En este capítulo hablo de las metas y los sueños, porque considero son muy importantes para cumplir con la misión y el propósito que Dios nos ha encomendado en esta tierra.

Aquí le compartiré los pasos que se deben seguir para lograr sus metas y sueños.

No solo basta con leerlos, lo más importante es llevarlos a la práctica, para concretizar todo lo que se proponga eventualmente podrá ayudar a otros a lograrlo por igual.

Porque para ayudar a otros, primero debemos ayudarnos a nosotros mismos. Para predicar con el ejemplo, y es así como le estoy haciendo a través de esta obra, viviendo en congruencia con mis palabras. Guiado por Dios y siguiendo el camino hacia el éxito.

Pasos para convertir las metas y sueños en realidad

1. Defina con exactitud lo que desea en su vida.
2. Que está dispuesto a dar a cambio para lograrlo.
3. Fije una fecha para alcanzarlo.
4. Elija un plan y ejecútelo a pie de letra.
5. Manténgase enfocado y sea persistente para lograrlo.
6. Haga un mapa de los sueños para adiestrar su mente, y colóquelo en un lugar visible en su habitación o en algún lugar donde lo pueda mirar la mayor parte del tiempo.
7. Escriba una declaración en tiempo presente de lo que anhela en su vida. Léala tres veces al día: en la mañana al despertarte, al medio día a la hora de comida (antes o después) y en la noche antes de irse a dormir.
8. Haga siempre lo mejor de usted y deje los resultados en manos de Dios.

Una vez que cumpla estas metas y sueños, planifique una vez más y dispóngase a lograr otras nuevas metas y sueños, para explorar nuevos horizontes.

¡Ánimo! ¡Usted lo puede lograr!

"*Desarrolla tus talentos y habilidades, ya que se te otorgaron para multiplicarlos*"

CAPÍTULO 7
EMOCIONES QUE DAÑAN

No somos responsables de las emociones, pero si de lo que hacemos con ellas.

Hemos llegado al capítulo pináculo de esta obra, ahora compartiré con usted cómo nuestras emociones afectan nuestra manera de vivir y nuestro entorno. Considerando los tópicos que he venido compartiendo desde el principio, considero fundamental entender de donde provienen todas estas emociones negativas, que nos impiden desarrollar nuestra potencial y autorrealizarnos.

La mente es donde se originan los pensamientos y las emociones, por lo que pongamos en ella, tendremos lo que le demos, es decir, si tenemos pensamientos positivos entonces desarrollaremos emociones positivas, y si es de lo contrario, el resultado será opuesto.

Empezaré hablando de la emoción negativa más destructiva: *el miedo*. Esta emoción paraliza al ser humano que la desarrolla en su mente, porque no le permite vivir plenamente, sin lograr metas ni mucho menos conquistar sus sueños.

Por qué el miedo desarrolla desconfianza y falta de seguridad en sí mismo.

El Miedo

Todos estamos cargando miedos diferentes, que traemos desde niños y otros que desarrollamos de adultos. Le nombraré los seis miedos básicos, que el *Dr. Napoleón Hill*, nos comparte en su *bestseller "Piense y Hágase Rico"*:

1. *El miedo a la pobreza.*
2. *El miedo a la crítica.*
3. *El miedo a la enfermedad.*
4. *El miedo a la pérdida de un ser querido.*
5. *El miedo a la vejez.*
6. *El miedo a la muerte.*

Estos seis miedos son destructivos y llevan a millones de personas a vivir en la incertidumbre y la negatividad.

Imagínese lo feliz que seríamos si no tuviéramos todos estos temores.

El miedo a la crítica no nos deja ser felices, por lo que le recomiendo quitarlo, si es que abunda en su vida, ya que es la única manera de ser feliz y ser uno mismo.

Es muy importante que usted lleve el control de sus pensamientos y emociones, no los demás.

Evite el miedo a la crítica en su vida, sea una persona sabia y escuche a la gente con detenimiento, sin embargo, no haga lo que le dice, ni mucho menos se deje afectar por sus palabras. Usted es un ser extraordinario y ese tipo de críticas, con palabras venenosas no le hacen falta.

Aunque no le tengo miedo a la crítica pero si hay gente cercana a mí que si le importa mucho.

Con el miedo a la crítica nos privamos de ser nosotros por darles gusto a los demás, que nada aportan a nuestra vida y a nuestra formación como seres humanos.

Siempre le digo a mi madre:

¡No tengas miedo tanto a las opiniones de la gente y que van a decir de ti! ¡Tú vales mucho y no necesitas ese tipo de comentarios tóxicos!

Uno de los miedos más comunes que tenemos es conversar con la gente, porque no queremos ganarnos un enemigo de gratis.

El pastor baptista estadounidense, defensor de los derechos civiles, *Martin Luther King Jr.* Solía decir:

"No hace falta hacer una revolución para tener enemigos, basta con decir lo que piensas".

Tenemos miedo hasta de vestirnos como queremos, por miedo a la crítica inmediata.

El miedo a la enfermedad

Vivimos constantemente con el pendiente de que no queremos padecer: *Diabetes, Cáncer, Hepatitis,* entre otras, y con tal de no obtener ninguna vivimos atemorizados que nos vamos a enfermar, por lo que al final nos enfermamos.

El miedo al desamor

Que si una novia o novio nos falla: ¿Qué será de nuestra vida? ¿Qué voy hacer si me rompen el corazón? o ¿Sí no soy correspondido como quiero?... La barra o la cantina, son las primeras opciones para ahogar las penas y escuchar canciones negativas con mensajes subliminales.

Alguien que demostró no tener miedo y ser muy valiente fue David, su historia está en la biblia. Mientras muchos en ese pueblo le tenían miedo a Goliat, él demostró tener agallas para luchar contra él.

David le pregunto a algunos de los soldados:

—¿Qué se le otorgará al que mate a al gigante y libere a Israel de esta vergüenza?

Entonces el soldado le respondió:

—Saúl le dará muchas riquezas y también le dará su propia hija como esposa.

Pero todos los israelitas le tienen miedo a Goliat, por su tamaño, es muy grande, mide casi tres metros y tiene otro soldado que le carga el escudo.

Algunos soldados van y le dicen al rey Saúl que David quiere pelear contra Goliat. Pero Saúl le dice:

—Eres un niño David, él ha sido soldado siempre.

David respondió:

—Yo maté un oso y un león que se llevaban las ovejas de mi padre.

Ahora este filisteo será uno de ellos, Dios me dará ayuda, por eso Saúl dice:

—Ve, y que el Ser Supremo este contigo.

David baja a un río, recoge cinco piedras lisas y las mete en su bolso, entonces con su honda va a pelear contra Goliat.

—Ven acá. Dice Goliat y daré de a comer tu cuerpo a los pájaros y los animales.

Pero David dice: —Tu vienes a mí con espada, una lanza y una jabalina, pero voy contra a ti en el nombre de Dios.

Hoy Dios te dará en las manos mías y yo te derribare, ahora David corre hacia Goliat, saca de su bolso una piedra y la pone en su honda, y la lanza contra Goliat con toda su fuerza, la piedra entra en la cabeza de Goliat quien cae muerto.

Se preguntará, ¿por qué mencione esta historia y que tiene que ver con el miedo?

Tiene mucho que ver con el miedo, por la sencilla razón de que David nunca tuvo miedo de un gigante, al cual todo el mundo le temía y ese niño se enfrentó a ese monstruo.

¿Cuántos de nosotros tenemos miedo confrontar a alguien?

¡Muchos! La verdad nos tiemblan las piernas, nos falta el aire, las ganas y agachamos la cabeza ante alguien.

El miedo a la pobreza

Nos da pánico y rabia saber que nacimos pobres y que talvez muéranos pobres trabajando para otro, ganando poco, sin que el dinero nos alcance para salir a divertirnos, o que nuestra familia vivirá siempre en la pobreza total, a menos que haya un cambio grande en nuestra vida.

El miedo a la vejez

Es un miedo que nos da a muchos, saber que nuestra piel se empieza a deteriorar a ponerse flácida, las canas y la caída de los dientes. Nadie quisiera pasar por eso, si fuera por mí y estuviera en mis manos, me quedaría joven de por vida.

Pero, no depende de mí, entonces no le veo el caso a vivir con ese miedo y estar preocupado por algo que yo no puedo cambiar. Se sabe que todos tenemos etapas:

Nacemos, crecemos, nos reproducimos, envejecemos y finalmente morimos.

Solo queda vivir el día a día sin vivir con miedo a la vejez.

El miedo a la muerte

Todos queremos vivir para siempre en este mundo terrenal, pero no hay nada que se pueda hacer, la muerte es algo inevitable que no se puede evitar y si tenemos suerte, podemos morir de viejos o naturalmente. Otros mueren quemados o en un accidente de carro, no recomiendo hablar de que se va a morir todo el tiempo, porque pareciera que lo desea tanto al repetirlo, sea cuidadoso con eso, ya que empezamos fingiendo y terminamos creyendo, la mente funciona así, a base de repeticiones.

El miedo y las fobias

¿Qué es una fobia?

La palabra derivada de *fobo,* en griego antiguo significa miedo intenso, no cualquier miedo es considerado fobia, tiene que ser algo extremo, peor la gente está acostumbrada a decir: "Le tengo fobia a esto, le tengo fobia aquello, sin saber este pequeño detalle".

Le tenemos miedo a fracasar, por eso no tomamos ningún reto ni ninguna responsabilidad en la vida. La gente se imagina fracasando en algo, por eso pone su distancia con anticipación, con el único fin de evitar equivocarse, pero la verdad, estimado lector, de la única forma que se aprende y se toma experiencia, es equivocándose.

En la vida no he visto a nadie que logre algo sin fallas y tropiezos, incluso los famosos inventores batallan mucho para lograr sus metas. Por mencionar uno: *Thomas Alva Edison,* quien inventó la lámpara incandescente, entre otros muchos inventos más, fueron muchos intentos que él tuvo que hacer antes de hacer realidad sus sueños.

Nosotros tenemos también miedo al éxito no solo al fracaso, porque la gente no se arriesga a nada en la vida, prefiere estar en una zona de *confort,* porque ahí están seguros.

—Si es en un trabajo no me muevo de ahí porque en esa

posición los jefes no me molestan casi nada—.

Sí es para entrar en un negocio de *red de mercadeo,* ya el miedo predomina ahí y lo primero que esa persona dice:

"¿Quién me va a comprar ese producto?"

"¡Eso no se vende!"

"¡Yo no tengo gente a quien venderle ese producto!"

Ese miedo no le deja desenvolverse en el negocio que vengan a proponerle, porque esa son las primeras cosas que dice y piensa antes de empezar.

El miedo escénico

Es aquel, que por alguna razón no todos saben cómo dominar a la hora de hablar en público, se empiezan a poner nervioso, a moverse mucho y no mirarle a los ojos al público, entre otras cosas que los delatan como poco profesionales, y eso se debe al miedo escénico.

El miedo aparece en todo momento de nuestra vida, sí hablamos de mudarse de Nueva York a California, que es otro estado, donde no tiene personas conocidas, lo primero que la gente se le ocurre es decir:

"Es que yo conozco a nadie en ese estado".

"¿Cómo me puedo a ir a un lugar donde no tengo a nadie?

O si no le dicen:

"Es que allá los terremotos son muchos y muy peligrosos y la delincuencia ni se diga".

No niego que en parte dicen la verdad, sin embargo, es miedo a lo desconocido y prefieren quedarse en Nueva York, con su comodidades y no experimentar algo nuevo, por miedo anticipado a que les salgan mal las cosas.

Solo digo algo bien claro, si usted va andar por la vida con miedo de todo, ¿qué va a lograr? Todo requiere de algún sacrificio y si no está dispuesto a pagar el precio del éxito, pagara el precio del fracaso toda la vida, ciertamente esta dicho que nada está escrito, también, el que no arriesga nada, nada tendrá que ganar tampoco.

Este mundo es para los ganadores, que se quieren arriesgar en la vida, que quieren liberarse y no tienen temor ninguno hacer y empezar nuevas cosas con cambios en su vida.

Así como el tiempo va cambiando de mes y de año, lo mismo debe hacer el ser humano, parece ya de esa zona de *confort,* que no le deja alcanzar nada, libérese de ese miedo absurdo que tiene amarrado en la vida.

Salga a comerse el mundo, el mundo es bello y está hecho para gente como usted, que necesitan una oportunidad en la vida. Ahora le soy muy honesto: "No todos tienen el valor de superar sus miedos y obstáculos".

Hasta para buscarse un trabajo de noche se pone en un plan difícil de decir, yo no lo agarro porque es de noche y la noche me hace daño, o no me quiero desvelar o simplemente, porque está muy lejos o porque no pagan lo suficiente. Para ser un trabajo de noche, el día que empiece a quitarse el miedo a tratar cosas nuevas será una nueva persona, que viva sin miedos y sin excusas, ni obstáculos que impidan ser una persona triunfadora y exitosa.

El miedo a ser usted mismo

Muchas personas que conozco se la pasan teniendo vergüenzas a mostrarse cantando y bailando públicamente, por miedo a la crítica y se privan de hacerlo con tal de tener a los demás felices y ellos infelices.

"El miedo es más injusto que la ira, por eso elimínalo de tu vida con todo y la ira".

Si no puede tolerar el miedo a la crítica, será mejor que no inicie nada que sea nuevo, eso incluso significaría no ser usted mismo, ¡piénselo bien!

Los hombres por lo regular hacemos esto muy frecuente nos gusta fruncir el ceño para provocar miedo en los demás, no los culpo, ya que eso es parte del régimen que vivimos muchos en nuestra niñez, y con eso están tratando de provocar el miedo de los que están alrededor.

Es su manera de sentirse protegidos y fuertes, y no indefensos o débiles.

¡Le aclaro, que yo no lo hago! Solo dije, nosotros los hombres.

Ahora le compartiré algunos proverbios y frases célebres, de algunas personalidades que han impactado al mundo:

"No hay medicina que sea para el miedo".
—Proverbio escocés

"El miedo es mi compañero más fiel, jamás me ha engañado para irse con otro".
—Woody Allen

"De lo que tengo miedo es de tu miedo".
—William Shakespeare

"El que teme es un esclavo de sí mismo".
—Lucio Anneo Seneca

"No tengas miedo a la verdad puede doler mucho, pero es un dolor sano".
—Alejandro Casona

"El miedo solo sirve para perderlo todo".
—Manuel Belgrano

"Las personas exitosas aprenden a sobreponerse a sus miedos en lugar de dejar que sus miedos manejen su vida".
—Robert Kiyosaki

Muchos le temen a hacer la prueba del *VIH,* por miedo al resultado, y este miedo es mortal ya que no cede por nada, es mejor saber y vivir con la verdad que morir en la mentira y nunca haberlo sabido.

El Conformismo

Muchas personas que conozco, no voy a revelar sus nombres por respeto a ellos, creo que no es ético hacerlo, están metidas en el conformismo y la verdad, es que no sé porque no hacen un cambio en sus vidas de decir:
 ¡Ya basta, ya fue suficiente, voy a despertar el genio dormido que llevo dentro, algo debo de estar haciendo mal, como para que mi vida sea tan mediocre y no pueda tener una mejor vida o aspirar a una vida mejor!
 ¿Por qué me gusta vivir como vivo?
 - Por costumbre.
 - Placer.
 - Por falta de oportunidades que no salgo a buscar.

Alguien que no tiene un propósito primordial definido, esta tan indefenso como un barco sin brújula y no le queda otro camino, que seguir en su conformismo que viene arrastrando.
 Cristóbal Colón, no sabía hacia donde iba cuando inicio su viaje, no sabía dónde estaba cuando llegó y tampoco sabía dónde había estado cuando regresó.
 Así que sus vecinos hicieron que se le encadenará en prisión, diciéndole que era sospechoso.
 Mucha gente están metidos en su mundo de conformidad, viviendo con lo poco que la vida les puede ofrecer y solo por no salir a correr esa milla extra, que es la que le puede ayudar a salir del conformismo en que ha caído.
 Nadie puede ayudarle, eso es una decisión propia, si le gusta vivir con lo poco que la vida le da y no aspira a vivir mejor económicamente y con una casa mejor entonces, ni diga que

vive en el país de las oportunidades.

Porque este es el país de las oportunidades que usted mismo se da, pero debe luchar por eso, si no tiene metas y sueños, será muy difícil que quiera un cambio real.

El expresidente de Estados Unidos *John F. Kennedy* una vez dijo: "*El conformismo es el carcelero de la libertad y el enemigo del crecimiento*".

La gente conformista nunca tratan de buscar un empleo mejor que el que ya tienen, nunca tratan de buscar un mejor lugar para vivir y nunca tiene la intención de progresar y viven con esa lamentación, pues, dicen: ¡Es lo que me tocó vivir!

Libérese de ese peso que lleva con usted, lleva una carga muy pesada, la del conformismo, que no le deja avanzar a una vida mejor y más decente, si cree todavía puede hacer algo y echarle ganas, éste es el momento, si considera que no es para usted o no esta en sus planes, entonces quédese donde esta y como está.

El empresario norteamericano *Henry Ford,* dijo: "*Tanto si piensas que puedes como si no puedes, estas en lo cierto*".

No busco con mi libro cambiarle o criticarte a usted, para nada, busco dar esperanza y ánimo para que se arriesgue a la aventura, saque esa *María* o *Mario* que lleva dentro dormido, para verle triunfar, el éxito le pertenece a usted.

Dios quiere vernos bien y no viviendo pordioseramente de por vida.

¿Es que acaso el sueño Americano no significa nada para usted? ¿Cree usted que no se merece ser exitoso? ¿De verdad ama y valora su vida?

Es por eso, que no se esfuerza por llegar a más que sentarse a esperar que le caiga una bendición, o que se saque la lotería, pues, si lo consigue, ¡felicidades! Las personas así, lamento decirlo: "No son inspiración para nadie, al contrario, alejan a la gente a su alrededor, ya que tienen actitud de derrotista y de pocas ganas de salir adelante".

Eso lo veo en personas cercanas, que no es importante decir sus nombres, pero no puedo dejar de sentir lástima.

El conformismo no es un paso al fracaso es el fracaso.

La Mediocridad

¿Qué es la mediocridad?

Es un estilo de vida que se adopta y la gente no conoce otra forma de vivir, y mediocre se aplica a la persona que no es inteligente o que no tiene suficiente capacidad para la actividad que realiza, es una persona mediocre, nunca llegará a triunfar en los negocios.

Pero nosotros como seres humanos tenemos el poder de cambiar esa mediocridad por una vida de excelencia, nosotros no venimos a este mundo para ser ociosos, sino triunfadores.

Reconozco que no he sido perfecto, que muchas veces he cometido muchos errores, de ser perezoso y no entender que la pobreza es mental y que el dinero es importante.

Hay que salir a su búsqueda para vivir mejor, porque usted es un luchador. Es importante tener un plan definido, como por ejemplo: decir en el año 2023, ¡declaro que tendré mi casa y dejaré atrás la vida de mediocridad que he venido viviendo!

¿Por qué no puede viajar por el mundo o irse un fin de semana a un crucero, se ha preguntado?

Pues, se lo voy a decir; por las malas decisiones que hacemos y que no nos preocupamos porque halla dinero suficiente en la casa.

La Ley de la Atracción

Es muy importante estar al tanto de que todo lo que pensamos, ya que se convierte en su equivalente físico, lo hacemos realidad, por eso es importante tener cuidado con lo que pensamos, porque *La Ley de la Atracción* es así, atrae a su vida lo que tanto quiere y piensa.

Si se la pasa pensando en enfermedades, cómo: *Diabetes,*

Cáncer, etc.... entre otras, eso puede hacerlo realidad en su vida.

La Ley de la Atracción, dice que usted atrae a su vida a las personas y cosas que piensa constantemente. Y la primera regla de esta ley es: "pide y se te dará", es esencial ser consciente de su poder.

Nada aparece por casualidad en su vida, ya lo ha estado atrayendo con sus deseos y comportamiento.

Con *La ley de la Atracción,* entendemos que existen ciertas palabras que tienen la capacidad de ayudarnos a lograr el éxito en nuestras vidas.

Si siempre está pensando en que va a hacer de usted, si se mudo de lugar, o se cambia de trabajo, pues, eso lo está invitando a que pase en su vida.

La Ley de la Atracción es una potente fuerza que atrae hacia nosotros aquellos que deseamos o tememos.

Siempre responde a sus pensamientos, todo objeto trae aquello que se asemeja a sí mismo.

La ley de la atracción es una teoría que sostiene una fuerza natural que hace que los iguales se atraigan.

"Los que más hablan de salud, gozan de ella.
Los que más hablan de prosperidad, gozan de ella.
Los que más hablan de pobreza son pobres.
Sus palabras pueden hacer un cambio".

Por favor hágase el hábito de pedir las cosas educadamente, use el: "¡Por favor!" Siempre, que no se le olvide, no importa si lo tiene que decir 100 veces al día por cada ocasión.

Ahora, no se engañe no porque le diga a todo el mundo: ¡Por favor! Las cosas le van a salir como quiere porque a mí me ha pasado, habrán personas secas que no les importara.

La siguiente palabra es: "¡Gracias!" ¿Cuántas veces al día, está usted diciendo gracias, por los servicios recibidos?

Puede ser lo más insignificante, pero diga: "¡Gracias!" Con eso agradará a los demás, sin tener que darle mucho.

Un "¡Gracias!" Tiene un súper poder y también un: "¡De nada!"

La gente en los lugares le sujetan la puerta y cuantos realmente dicen: "¡Gracias!" Por ese favor que no es una obligación si no lo hacen por ser amables con los demás, y los demás bien gracias y no pronuncian la palabra "gracias".

Acuérdese, que estamos de paso en este mundo terrenal, ¡por favor! Tratemos de dar lo mejor de nosotros para dejar un bello legado cuando ya no estemos aquí.

La siguientes palabras que le recomiendo son: "Por favor", "Perdóname", "Lo siento" y "Gracias", esas palabras son de mucha ayuda para el crecimiento personal.

Acostúmbrese a decir: "La señora", "El señor", etc. Ya que eso demuestra respeto, y no que es usted, uno más del montón que no lo hacen, eso le lleva a otro nivel, créame, tratar a la gente como se merece le ayudara mucho, ya que eso pocas veces falla y en los negocios es genial.

Siguiente palabra para mejorar su léxico, es decirle a la gente: "Usted", porque al decir "Usted", las personas sienten un cierto respeto de su parte y eso habla muy bien de usted, porque ven que es una persona respetuosa.

Ya no diga: ¿Cómo estás? si no ¿Cómo está usted? Se oye tan reconfortante escuchar así que alguien le pregunte, definitivamente, me quedo con la segunda, mientras más práctica es más seguro que un día va a salirle natural sin tener que pensarlo, todo es a base de la repetición, empezamos fingiendo y terminamos como hábito de algo.

Sonreír, también es muy importante, hace su personalidad más agradable, saca lo mejor de usted, veo que solo hay gente frunciendo el ceño mayormente y no entiendo porque parece que en vez de caer bien con los demás quieren meterte miedo.

Todos tenemos una sonrisa bonita, no se deje llevar de que la gente le diga lo contrario, claro, si eso pasa, aprenda a manejar la situación de manera inteligente, que no le lastime ese comentario negativo y tóxico.

Usted puede lograr con su actitud y su sonrisa que alguien más haga lo mismo.

Es recomendable usar palabras elegantes tales como: "Serías tan amable" o "Si no te importaría pasarme eso", esas palabras son poderosas, en vez de decir pásame eso a secas.

Hemos llegado al final de esta obra, espero que las informaciones y experiencias aquí compartidas, le sirvan como una base para vivir una vida mejor, aprendiendo a dirigir sus pensamientos y controlar sus emociones.

No permita que sus emociones le controlen, usted puede controlar su mente y todo lo que desee en la vida.

Esta es mi primera obra, y la plataforma para seguir escribiendo con mucho amor, para usted mi querido lector.

Hoy estoy cumpliendo uno de mis sueños, mañana puede ser usted, al lograr una meta o alcanzar un sueño. Mis deseos son los mejores para usted y siempre le deseo muchos éxitos.

La vida están bella y corta, por lo que debemos aprender a vivirla, controlando nuestra mente y disfrutando de nuestros seres queridos, que son nuestras mayores riquezas que el Sumo Creador nos ha otorgado.

Luche por lo que tanto anhela y desea en su vida, con todo el corazón y verá, que tarde o temprano lo logrará.

Elimine los pensamientos y emociones negativas de su vida. Aprenda de sus faltas y corríjalas.

Sobre todo, nunca se olvide de Dios, ya que sin él no somos nada.

Le dejaré, con una hermosa reflexión del escritor y conferenciante internacional, autor de doce obras maravillosas que han cautivado e inspirado a miles de personas, *Alejandro C. Aguirre.*

¡Hasta pronto!

El Caminante

*"Avanza por la vida siendo siempre tú mismo,
no te detengas por nada ni nadie.*

*Tu vida es un hermoso regalo que se te ha otorgado.
Valora a las personas en tu caminar.
Disfruta a tu familia.
Cuida de la flora y la fauna.*

*Tu paso por este mundo es corto,
aprovéchalo al máximo, siempre haciendo el bien.
Bendice a todo aquel que se ponga en tu camino.*

*Sé siempre misericordioso y bondadoso.
Ayuda a todo aquel que te lo pida y veas en necesidad,
porque al final de tu camino lo que más importa
es lo que hiciste por tu prójimo.*

*A cuántos ayudaste cuando lo necesitaban
y cuántos te recordarán por lo que fuiste no por lo que tuviste.
Camina firmemente y no voltees hacia atrás.*

*Sigue siempre tu camino dando paz
y amor al mundo".*

¡Nunca te detengas!

"Prepárate diariamente para cosechar tus éxitos, ya que la maestría está en la práctica"

EPÍLOGO

Los pensamientos y emociones que concebimos y desarrollamos en nuestra mente, determinan quienes somos, lo que seremos y hacia donde nos dirigimos. Es muy importante aprender a dirigirlos y controlarlos, ya que del control que tengamos hacia los mismos, dependerá el resultado que buscamos.

Ha sido muy grato de mi parte escribir esta obra, que nació desde lo más profundo de mi corazón, lo que me ha llevado a cumplir parte de mi propósito de vida, plasmando mis pensamientos, ideas y experiencias en palabras, que deseo con mis más sinceras intenciones, toquen el corazón de usted, mi querido lector, para mejorar su manera de pensar y ver al mundo. Impulsándolo a lograr sus metas y cosechar sus sueños.

Aprendiendo a vivir "el aquí" y "el ahora", del lado de sus seres queridos, guiado por el camino de la excelencia y el éxito.

Como lo exprese en los primeros capítulos de esta obra, para lograr algo grande en la vida, se requiere de hacer grandes sacrificios.

"Si desea conquistar al mundo primero aprenda a conquistarte a sí mismo".

La mente humana es muy poderosa, ya que todo lo que llega a ella lo puede convertir en realidad si lo aceptamos y se lo permitimos.

Es vital para cada individuo manejarla y controlarla, eliminando todas las emociones que causan toxicidad en la misma y en el cuerpo.

El miedo es la emoción negativa más destructiva, así que debemos trabajar arduamente en eliminar todos los miedos que se albergan en nuestra mente, de lo contrario, seremos víctimas de sus estragos y fechorías.

Mantenga su mente alejada del ocio y de las persona negativas, rodéese de gente positiva y mantenga su mente siempre enfocada en cosas productivas, para evitar el enemigo del miedo.

Aprenda a vivir con el fracaso y las adversidades, ya que son necesarias para alcanzar el éxito que se desea en cualquiera de sus facetas.

Recuerde que si aprende a tomar el control absoluto de su mente, podrá controlar todo lo que se proponga y evitar los estragos de la falta del autocontrol y falta de autodominio.

No me despido, solo le digo hasta pronto, y que todas las bendiciones que tiene en su vida se sigan multiplicando para la gloria de Dios.

¡Usted puedes controlar su mente y sus emociones!

¡Ánimo!

CITAS POR ALVIN ALMONTE

Controla tu mente y controla tu vida.

Tu eres la persona más importante del universo.

Elimina el miedo de tu vida para ser feliz.

Tú tienes el poder para lograr todo lo que te propongas en la vida.

Sacúdete del conformismo y la mediocridad para comenzar a lograr tus metas y convertir tus sueños en realidad.

Da siempre lo mejor de ti en todo lo que hagas y entrega en manos de Dios los resultados.

Se amable y servicial, nuestra sociedad necesita gente que ayude a la gente.

Para lograrlo algo primero tienes que creerlo.

Utiliza la fe para vencer al miedo.

Aprende a ser feliz con lo que eres y se agradecido.

Aléjate de personas negativas y ambientes que te absorban tu energía.

Protégete todos los días con el talismán de la actitud mental positiva.

Lo que siembres cosecharas, procura que sean buenas

semillas.

Siempre se tú mismo y no una copia de nadie.

Vice tu vida y deja vivir a los demás.

Ama la vida y disfrútala al máximo.

Desarrolla tus talentos y habilidades, ya que se te otorgaron para multiplicarlos.

Conviértete en una persona virtuosa, ya que eso te ayudara a vivir mejor.

Aprende a trabajar arduamente e inteligentemente.

Aprovecha el fracaso y las adversidades para mejorarte y levantarte más fuerte.

Ayuda a las personas y sírveles, hoy son ellos, mañana puedes ser tú.

Desarrolla buenos hábitos todos los días y vive predicando con el ejemplo.

Para ser grande en la vida, primero debes ser pequeño.

Se una inspiración para el mundo.

Prepárate diariamente para cosechar tus éxitos, ya que la maestría está en la práctica.

Nunca abandones tus metas y sueños.

Se fiel a Dios y a ti mismo.

Respeta para que te respeten.

Pensamientos+ Acción+ Persistencia= Éxito.

Nunca te conformes con las limosnas de la vida, fuiste diseñado para hacer cosas maravillosas.

Piensa antes de hablar.

Conócete a ti mismo y conquístate.

Alvin Almonte

ACERCA DEL AUTOR

Alvin Almonte nació en República Dominicana, en cuna de una familia humilde y trabajadora. Sus padres son Albania Pérez y José Almonte, que lo educaron humildemente.

Desde niño siempre se caracterizó por su deseo incesante de sobresalir entre la gente y superarse así mismo.

Curso sus primeros estudios en su país de origen en donde aprendió a valorarse así mismo además de desarrollar sus talentos y habilidades que más tarde lo llevarían a convertirse en escritor y conferencista motivacional.

Alvin Almonte es un joven escritor que escribe con los ojos del alma sus historias y experiencias, que le han ayudado a conocerse a sí mismo y superarse.

En sus obras sus comparte una de las verdades más sobresalientes de la vida:

"Como nuestra manera de pensar afecta nuestra vida y nuestras emociones definen lo que somos".

En base a su lucha continua, *Alvin* nos enseña cómo superar las adversidades y los fracasos, con el poder de la *Actitud Mental Positiva*.

Ha formado parte de varios grupos de escritores y conferenciantes en New Jersey y New York, que han venido compartiendo en diferentes eventos de motivación y superación personal. Esto ha sido la base para que él se iniciará en este maravilloso mundo de la motivación y superación personal.

Es una persona muy servicial y bondadosa, que con su firme deseo de ayudar a otros, ha cambiado la vida de muchas personas con su claro ejemplo de inspiración.

Actualmente radica en Elizabeth, New Jersey, en donde se inspira para seguir escribiendo para su amado público y prepararse para sus conferencias y seminarios.

Recientemente acaba de lanzar al mercado su primera obra, disponible ya para su querido público: *Emociones que dañan: Controla tus emociones y controla tu vida*.

En donde comparte su historia de vida y como ha superado las adversidades y fracasos, que le han servido como un trampolín para lograr sus metas y convertir sus sueños en realidad.

Este joven autor se caracteriza por su deseo de superación y su transparencia, que han cautivado a muchas personas.

Y como el mismo lo dice en sus obras:

"Todo se puede lograr si uno se lo propone", "Nunca te rindas, luchas por tus sueños hasta lograrlos", "No vivas en el conformismo y la mediocridad, vivimos en un universo de abundancia y prosperidad, aprovechémoslo al máximo".

Para mayor información acerca de sus obras y sus conferencias visita:

www.AlvinAlmonte.com

ACERCA DE ALEJANDRO C. AGUIRRE

Alejandro C. Aguirre es el Presidente y Fundador de la Corporación *Alejandro C. Aguirre, Corp.* Para el Desarrollo Humano y Superación Personal & *Alejandro C. Aguirre Publishing/Editorial, Corp.* Editorial dedicada a la difusión de libros, *e-books* y audiolibros de Desarrollo Personal, Liderazgo y Motivación.

Su misión es contribuir al desarrollo y la transformación de individuos, grupos y organizaciones. Con un enfoque en la productividad personal, la motivación y la auto-ayuda. Para cumplir este objetivo ofrece conferencias en vivo y en internet, libros y productos en audio y video en una variedad de temas incluyendo: Superación personal y familiar, motivación, ventas y liderazgo. Con la meta primordial de impactar a todos los participantes, creando una introspectiva y un reto personal que los lleve a alcanzar una vida más feliz y abundante.

Alejandro C. Aguirre, desarrolla capacitaciones, seminarios, talleres y cursos de Ventas, Liderazgo, Motivación, Superación Personal, El Poder de la Actitud Mental Positiva, IQ e Inteligencia Financiera, Cómo Hablar en Público & Persuadir a la gente, Cómo escribir un Libro, Maquinaria Mental y Re-Ingeniería Mental. Sus clientes y público incluyen empresas de venta directa, escuelas, empresas privadas y públicas, así como iglesias, ministerios y organizaciones no lucrativas.

Nació en el bello estado de Tlaxcala, México. Ha compartido con el mundo sus doce primeras obras: *"El Camino a la Excelencia"*, *"Diseñados Para Triunfar"*, *"Invencible"*, *"Las Siete Gemas del Liderazgo"*, *"Re-Ingeniería Mental"*, *"El Gran Sueño del Pequeño Alex"*, *"Re-Ingeniería Mental II"*, *"La Verdad del Espiritismo"*, *"Re- Ingeniería Mental en Ventas"*, *"Re- Ingeniería Mental en el Arte de Hablar en Público"*, *"Vitaminas Mentales para Condicionar una Mente Positiva"* y *"El Gran Sueño del pequeño Alex 2"*, así como la versión *e-book* y audiolibro de todas sus obras.

Alejandro C. Aguirre participa como *Role Model* (Modelo a seguir) en el Programa *Reaching Our Dreams* (Alcanzando Nuestros Sueños) un Programa de Motivación para educar a los niños e inspirarlos a terminar su escuela y lograr sus sueños. Este Programa ha sido presentado desde el año 1998 por más de 300 ocasiones en 110 escuelas localizadas en 12 ciudades. Más de 500 líderes comunitarios han compartido sus experiencias y dificultades con más de 125,000 estudiantes desde el tercer grado hasta el doceavo grado.

Ha aparecido en múltiples programas de televisión y radio tales como: Univisión, Telemundo 47, Teleformula USA, La Revista Semanal TV Show, Aquí TV Show, Fama Y Misterio, Programa de Televisión Vida Grandiosa, Radio Activa New York, La Rumberita, La Invasora, Mundo Net Radio. También en algunas revistas Neoyorquinas como: "Latino Show Magazine" y "FEM Multicultural Magazine". Además de ser el Presentador y Locutor del Programa de Radio "Re-Ingeniería Mental", "Reprograma tu Mente y Transforma tu Vida" en "Radio Comunidad USA" con Marita Reyes, que se emite para todo el mundo desde los Angeles California. También ha compartido en otros medios de comunicación haciendo columnas de motivación y en algunas entrevistas en periódicos como: "El Diario de México USA", "Poder Latino USA", "El Especialito", entre otros medios más. Alejandro C. Aguirre, ha motivado e inspirado miles de personas en todo el mundo con sus conferencias y libros. Ha sido descrito por la editorial Palibrio como autor del mes por su buen ejemplo a seguir con sus obras, visión y filosofía en el mundo de la motivación y superación personal. Y como él lo expresa en sus obras: *"El que no se atreve a pensar y actuar en grande, jamás logrará algo extraordinario en su vida"* y *"Reprograma tu Mente y Transforma tu Vida"*. Estas ideas, pensamientos y aportaciones forman parte de la filosofía y fórmulas de éxito de este joven autor, las cuales son tesoros invaluables y perdurables para muchas generaciones.

Alejandro C. Aguirre siempre se ha caracterizado como una persona visionaria, vanguardista, e innovadora, siempre al servicio de la humanidad. Para información de conferencias y otros materiales de apoyo visite:

www.alejandrocaguirre.com

OBRAS DE ALEJANDRO C. AGUIRRE

- "El Camino a la Excelencia"
- "Diseñados Para Triunfar"
- "Invencible"
- "Las Siete Gemas del Liderazgo"
- "Re-Ingeniería Mental"
- "El Gran Sueño del Pequeño Alex"
- "Re-Ingeniería Mental II"
- "La Verdad del Espiritismo"
- "Re- Ingeniería Mental en Ventas"
- "Re- Ingeniería Mental en el Arte de Hablar en Público"
- "Vitaminas Mentales para Condicionar una Mente Positiva"
- "El Gran Sueño del Pequeño Alex 2"

Así como la versión *e-book* y audiolibro de todas sus obras.

ALEJANDRO C. AGUIRRE PUBLISHING/EDITORIAL, CORP.

OTROS TÍTULOS EN ESPAÑOL

- Brillo en Tu Interior (Santa I. Rodríguez)
- Como Ser una Persona Resiliente (Gabriela Domínguez)
- El Árbol de la Sabiduría (Santa I. Rodríguez)
- El Camino a la Felicidad y El Éxito (Israel Vargas)
- Emociones Que Dañan (Alvin Almonte)
- El Poder de Conocerse a sí mismo (Lucio Santos)
- El Poder de la Fe y la Esperanza (Minerva Melquiades)
- La Guerrera Soñadora (Mercedes Varela)
- Rompiendo Barreras Mentales (Miguel Urquiza)
- Una Vida con Enfoque (Lucio Santos)
- Yo Quiero, Yo Puedo y lo Haré (Yenny Amador)
- Cuando Decidí Emprender (Jeanneth C. Rodríguez-Gutiérrez)
- Catálogo 2017- 2018 (Abraham Sermeño)
- Belleza Espiritual (Ninfa Siskos)
- La Nueva Potencia (Juan F. Ramos)

Información y ventas ver "CATÁLOGO 2017-2018" en www.alejandrocaguirre.com

ALEJANDRO C. AGUIRRE, CORP. Y ALEJANDRO C. AGUIRRE PUBLISHING/EDITORIAL, CORP.

Nuestra misión es contribuir, a través de cada libro y el mensaje que nuestros autores quieren transmitir, con el desarrollo y la transformación de individuos, grupos y organizaciones, enfocados en la productividad personal, la motivación, la auto-ayuda, la transformación y la evolución de todos como humanidad.

Las obras impresas o digitales y productos en audio y video, a la par que las conferencias y los seminarios en vivo o vía internet, incluyen una variedad de temas en: superación personal y familiar, motivación, liderazgo, inteligencia financiera, ventas o re-ingeniería mental, entre otros.

Alejandro C. Aguirre, mexicano residente en Estados Unidos, fundo y preside en la actualidad la Corporación, el Store y el Publishing/Editorial, Corp.

"Las cosas que quiero saber están en los libros; mi mejor amigo es aquel que me recomienda un libro que no he leído".

—*Abraham Lincoln*

EMOCIONES QUE DAÑAN

Controla tus emociones y Controla tu vida

Alvin Almonte

Made in the USA
Middletown, DE
07 December 2024

65444599R00071